本书的出版得到韩国教育部、韩国学中央研究院（韩国学振兴事业团）2
培育事业项目——吉林大学珠海学院主持的"中国华南地区韩国学教育研究特
项目（编号：AKS-2016-INC-2230006）经费资助。

中国高等院校
韩国语教育研究

许世立　著

世界图书出版公司

广州 · 上海 · 西安 · 北京

图书在版编目（CIP）数据

中国高等院校韩国语教育研究 ：朝鲜文 / 许世立
著. -- 广州 ：世界图书出版广东有限公司，2019.12
　ISBN 978-7-5192-7196-1

　Ⅰ．①中… Ⅱ．①许… Ⅲ．①朝鲜语－教学研究－高
等学校 Ⅳ．①H559

中国版本图书馆CIP数据核字（2020）第019317号

书　　　名	中国高等院校韩国语教育研究 ZHONGGUO GAODENG YUANXIAO HANGUOYU JIAOYU YANJIU
著　　　者	许世立
责任编辑	程　静
装帧设计	佳禾书装
责任技编	刘上锦
出版发行	世界图书出版广东有限公司
地　　　址	广州市新港西路大江冲25号
邮　　　编	510300
电　　　话	020-84451969　84453623　84184026　84459579
网　　　址	http://www.gdst.com.cn
邮　　　箱	wpc_gdst@163.com
经　　　销	各地新华书店
印　　　刷	广州市德佳彩色印刷有限公司
开　　　本	787mm×1092mm　1/16
印　　　张	10.5
字　　　数	268千字
版　　　次	2019年12月第1版　2019年12月第1次印刷
国际书号	ISBN　978-7-5192-7196-1
定　　　价	42.00元

本书以前人的研究成果和笔者的数据统计为基础，对中国高等院校韩国语教育的发展历史、韩国语相关专业的区域分布、韩国学研究机构的分布及研究动向、韩国语相关专业的教科课程、师资队伍、专业教材等问题进行广泛的论述。纵观中国高等院校韩国语教育研究人员的研究动向，相对偏向于微观研究，即倾向于韩国学相关的语言、文学、文化的基础研究、比较研究、教学方法等的研究，而从宏观层面或结构层面对中国高等院校韩国语教育的总体情况进行系统阐述的论著并不多见。本书以中国高等院校韩国语教育的总体结构、发展动向、专业课程内涵、师资及教材现状等作为主要研究对象。在研究方法上，采用了定性分析与定量分析相结合、理论研究与实证研究相结合、局部研究与系统研究相结合、共时研究与历史研究相结合的方法。

　　本书的研究内容主要归结为如下七点。

　　第一，中国高等院校的韩国语教育主要经历了准备期(1945—1990)、发展期(1991—2000)、腾飞期(2001—2015)、调整期（2016年至今）四个阶段。中国高等院校韩国语教育的跨越式发展与中韩两国建交以来在政治、经济、文化、教育等领域加强交流与合作，韩资企业大量涌入中国市场，"韩流"在中国大陆的经久不衰有着密切的关联。

　　第二，专业设置方面，根据笔者对教育部招生阳光工程指定平台——阳光高考网的有关数据进行统计，共有140所专科院校（含公办和民办）开设应用韩语专业。从地区分布上看，与韩国交流最活跃的地区、韩资企业大量进驻的地区、受"韩流"影响较大的地区，即山东省(37所)、江苏省(24所)、辽宁省(11所)、黑龙江省(9所)、吉林省(9所)，共有90所高等院校开设应用韩语专业，约占总数的64%。另外，共有124所本科院校（含公办和民办）开设朝鲜语专业。从地区分布上看，同样与韩国交流最活跃的地区、韩资企业大量进驻的地区、受"韩流"影响较大的地区，即山东省(27所)、吉林省(16所)、江苏省(11所)、黑龙江省(10所)、北京(7所)，共有71所大学开设朝鲜语专业，约占总数的57%。面对国内韩国语相关专业的"超常规发展"，曾有专家、学者对其不确定的未来表示担忧，甚至质疑。据专业招生、第一志愿报考率、在校生规模、就业率等方面的数据统计，虽然目前国内开设韩国语相关专业的数量规模远远超出有关专家、学者当时的"警界线"，但依然保持比较良好的发展态势，得到广大学生、家长及社会的普遍认可。展望未来，无论是专科层次的应用韩语专业，还是本科层次的朝鲜语专业，要大力推进区域特色化，加强跨界融合发展，提高学科专业竞争力，加大师资队伍建设力度，加强国际交流及对外宣传，以保持可持续、强劲的发展动力。

第三，研究生学历教育方面，目前国内有30余所高等院校开设与韩国语言文学相关的硕士课程。从数量上看，与过去相比有一定的增加趋势。但与开设本科、专科的高等院校数量相比，还有一定的发展空间。另外，开设博士课程的高等院校目前有10余所，远远满足不了相关专业教师对博士学位的需求。

第四，研究机构设置方面，截至2016年10月，共有40余所高等院校成立了50余个与韩国学相关的研究机构。从其名称上来看，主要包括韩国语、韩国文学、韩国语言文化、中韩文学、中韩经济文化、中韩商务、语言政策、韩国—朝鲜学等，研究领域和研究范围非常广泛。目前在国内比较领先的韩国学研究机构主要分布在已获批韩国教育部"海外韩国学重核大学"项目的延边大学、中央民族大学、南京大学、中国海洋大学、山东大学以及承担韩国教育部"海外韩国学培育事业"项目的北京大学、复旦大学、上海外国语大学、吉林大学（含吉林大学珠海学院）、大连外国语大学、华东师范大学、华中师范大学等高等院校。如今国内的韩国学研究不仅仅局限于韩国语言、文学、文化方面，既涉及韩国政治、经济、历史、教育、旅游等宏观领域，还密切关注韩国留学生、韩国影视作品、韩资企业等具体领域。换言之，韩国学已引起国内高等院校学术界的广泛关注，其研究范围也扩大到各个领域。

第五，课程建设方面，大部分高等院校基本上形成了比较稳定而成熟的专业人才培养方案，较好地满足专业教育教学需求。但还有些高等院校存在一些专业人才培养目标设定缺乏实践检验，教育目标与专业课程设置不尽一致，专业课时相对不足，语言、文学、文化等课程的比例不尽合理，实践课程比例略显不足等问题。展望未来，我们在制订专业人才培养方案时，从宏观层面来讲，既要严守教育部的"国标"要求，同时要充分考量专业课程的一般性与特殊性、专门性与复合性、技能性与实践性、本土化与国际化、现实性与未来指向性等综合因素；从微观层面来讲，要大力推广中韩联合课程，语言文学课程与文化课程要维持合理比例，专业课程的分布要科学、合理，同时要保障足够的专业学时；从实证的视角来讲，对实用性课程、与实用文化相衔接的课程、能够循循善诱学生学习兴趣的课程要加以高度关注。另外，学校的类型、层次不同，其课程设置也要不同。公办大学与民办院校、研究型大学与应用型院校、本科院校与专科院校在其办学内涵上存在诸多差异，因此，在课程设置方面也要区别对待。设置一个专业的课程是极其复杂的系统工程，既需要专业的视角，也需要充分的时间保障，同时还需要进行实证研究。

第六，师资队伍建设方面，"211工程""985工程"等国内重点院校的朝鲜语专业，其师资具有博士学位的比例比过去有了明显提高，从事韩国语言及韩国文学研究的教师比例明显占优势。而从泛珠江三角洲地区的本科院校来看，尽管与重点院校相比，还存在一定的差距，但经过10余年的努力，师资队伍建设方面有了长足的发展，有些公办院校朝鲜语专业具有博士学位的教师比例达到100%，个别民办院校也达到了80%—90%。展望未来，要着力改善专业教师的学位结构、职称结构、专业结构、双师型教师结构，加强教育教学能力、科学研究能力，以及对跨界竞争时代的适应能力。

第七，教材建设方面，经过过去几十年的努力和发展，基本上形成了比较成熟的专业教材体系，不断涌现出各类特色教材，基本满足了专业教学需求。但个别课程缺乏科学、系统的教学大纲，教材开发相关的研究不够充分，高年级的专业教材略显不足，教材开发相对滞后。

本书的研究成果将为国内外专家学者宏观上了解中国高等院校韩国语教育现状及韩国学研究动向提供路径和窗口，为今后对国内韩国语教育进行持续性研究提供有效数据，为教育教学改革及提高专业办学质量起到积极的推动作用；尤其对国内韩国学教育研究比较陌生的韩国籍专家学者来讲，具有重要的借鉴意义，同时对国家教育行政部门、高等院校的有关决策者具有一定的参考价值。

Abstract

Based on previous research outcomes and the author's statistics, the paper describes the development of Korean language education in Chinese colleges and universities, the development and distribution of academic programs relating to Korean language and the distribution and research trends of institutes of Korean studies. It extensively discusses issues on courses, teaching faculty and textbooks of Korean programs. Throughout a general survey of the research trend of research faculty of Korean language education in Chinese colleges and universities, it can be observed that the researches tend to be microscopic, indicating that they focus on basic and comparative studies on language, literature, culture and pedagogy, which are relevant to Korean studies. Macroscopic or structural studies providing systematic explanation of the general situation of Korean language education in Chinese colleges and universities are not common. With a holistic view on the structure, developing trend, core of major courses and the current situation of teaching faculty and textbooks, this paper combines quantitative analysis with qualitative analysis, theoretical research with empirical research, partial research with systematic research, and synchronic research with historical research.

The research content of this paper is summarized as below.

First, Korean language education in Chinese colleges and universities has four phases, i.e., the preparation (1945-1990), the development (1991-2000), the soaring period (2001-2015) and the adjustment period (2016-present). The great-leap-forward development of Korean language education in Chinese colleges and universities is closely connected with the increasingly enhanced communication and collaboration between P. R. China and Republic of Korea in the fields of politics, economy, culture and education. It is also greatly influenced by the Korean enterprises flooding into China and the long-lasting popularity of Korean pop culture in mainland China.

Second, Korean language as an academic program. According to statistics on https://gaokao.chsi.com.cn/, the "Sunshine Project" platform appointed by Chinese Ministry of Education for recruitment and admission to colleges and universities, the author found that there are totally 140 professional schools (both public and private) offering "Applied

Korean" as an academic program. 64% of the above mentioned are in the regions that are significantly influenced by Korean pop culture. Among the 90 schools offering "Applied Korean", 37 are in Shandong, 24 are in Jiangsu, 11 are in Liaoning, 9 are in Heilongjiang and 9 are in Jilin. Those places also enjoy active communication with Korea and have a great number of Korean enterprises. Furthermore, 124 undergraduate schools, both public and private, offer Korean program. 71 undergraduate schools in the above-mentioned regions take up 57% of the total, with 27 in Shandong, 16 in Jilin, 11 in Jiangsu, 10 in Heilongjiang and 7 in Beijing. These places, as mentioned above, have active communication with Korea and a great amount of Korean enterprises and are significantly influenced by Korean pop culture. Facing the "hypernormal development" of Korean program in China, some experts and scholars showed their concerns and even questioned its future. According to statistics of enrollment, first-choice rate, the scale of current students and employment rate, though the number of Korean programs in China has far exceeded the "red line" set by some experts and scholars, the development of Korean programs maintains satisfactory and has been widely accepted by students, parents and the society. Looking into the future, both applied Korean program in professional schools and Korean programs in undergraduate schools should strive to highlight regional features, enhance integrated and crossover development, strengthen academic competitiveness, reinforce teaching staff construction, international collaboration and promotion in the aim of maintaining sustainable and strong development impetus.

Third, at the level of graduate education. Currently there are over 30 Chinese colleges and universities offering graduate programs concerning Korean language and literature. A quantitative increase can be observed. But there is still some room for further development compared with the number of professional schools and undergraduate schools offering Korean programs. Moreover, only more than 10 universities offer Korean program at doctorate level, which cannot meet the teaching faculty's demand for doctorate degrees.

Fourth, the research institutes. By October 2016, there are over 40 universities with over 50 research institutes of Korean studies. Judging from their names, the research institutes cover a wide range of research fields, including Korean language, Korean literature, Korean language and culture, Sino-Korean literature, Sino-Korean economy and culture, Sino-Korean business, language polity, and studies on South and North Koreas. The existing leading research institutes of Korean studies in China are mainly set in universities participating in the project of "core foreign universities of Korean studies", including Yanbian University,

Minzu University of China, Nanjing University, Ocean University of China, and Shandong University. Other universities participating in the project of "cultivation of overseas Korean studies", including Peking University, Fudan University, Shanghai International Studies University, Jilin University (including Zhuhai College of Jilin University), Dalian University of Foreign Languages, East China Normal University and Central China Normal University, also have research institutes. Both the above-mentioned projects are sponsored by the Ministry of Education of Korea. The Korean studies now are not limited only to Korean language, literature and culture. They also involve Korean politics, history, education and tourism, which are macroscopic. Korean students studying overseas, Korean movies and enterprises are covered as well. In other words, Korean studies have widely attracted attention in Chinese academia and the researches are expanding to various fields.

Fifth, course construction. Most universities have formulated relatively stable and mature plans for cultivating professional talents, which can satisfy the requirement of specialized education. But some universities are still facing difficulties in course construction, such as lacking of mechanism of testing through practice in setting the target of cultivating professional talents, inconsistency between the goal of education and major courses, insufficiency in teaching hours of major courses, disproportion of courses of language, literature and culture as well as slight shortage of practice session in the curriculum. Looking ahead, when we formulate the plan for cultivating professional talents, macroscopically speaking, we should abide by the national standard set by Chinese Ministry of Education while at the same time fully consider the combination of generality and particularity, specificity and comprehensiveness, skill and practice, localization and internationalization, practicality and directivity. Microscopically, much effort should be put to promote Sino-Korean courses. A rational proportion should be kept between language and literature courses and cultural courses. The arrangement of professional courses should be scientific and practical. Sufficient teaching hours should be secured for professional courses. From an empirical point of view, much attention should be paid to practical courses, courses relating to practical culture and courses that can arouse students' interest. Since there are many differences in the education connotation between public and private universities, research-oriented and application-oriented universities and undergraduate schools and professional schools, their course settings should be different. The course setting of an academic program is a systematic task, which is very complicated as well. It requires professional viewpoints, sufficient time and empirical researches.

Sixth, the teaching staff construction. There has been an obvious increase in the number of PhD holders in the teaching staff of Korean programs in key universities of 211 and 985 Projects, which shows their advantage in the teaching faculty of Korean language and Korean literature studies. However, there is still a huge gap between undergraduate schools in the Pan-Pearl River Delta and the key universities. With over ten years effort, they have gained substantial development in teaching staff construction. Korean language program in some public universities have all their teaching faculty with doctorate degrees. Some private universities have 80%-90% of their teaching faculty in Korean program with doctorate degrees. In the future, more emphasis should be put on improving the structure of degree, professional title, program and dual-qualification teachers. The capability of education and teaching, scientific research and adapting to the age of crossover competition should be strengthened.

Last, textbook design and development. Through decades of efforts and development, a relatively mature system of professional textbooks has been established. The emerging featured textbooks can basically satisfy the requirement of specialized teaching and learning. But some certain courses lack scientific and systematic syllabuses and are faced with the problems of insufficient studies on the research and development of textbooks. Slight insufficiency of specialized textbooks for senior students and a relative lag-behind in textbook development still exist.

The research outcomes of this paper are expected to provide window and path to domestic and foreign experts and scholars to have a macroscopic understanding of the current development of Korean language education as well as the trend of Korean studies in Chinese universities, offer effective data for continuous research on Korean language education in China, and positively promote the revolution of education and teaching revolution as well as the improvement of the education quality of academic programs. Particularly, this would provide significant references to Korean experts and scholars, who are unfamiliar with Korean language education in China, as well as policymakers in Chinese universities and administrative department for education.

목 차

목 차

제 1 장

서 론

제1절 문제의 제기

　　중국대륙에서의 한국어교육은 중국 조선족을 상대로 하는 제1언어로서의 한국어교육과 중국어를 모국어로 하는 민족들을 상대로 하는 외국어로서의 한국어교육으로 나눌 수 있다. 외국어로서의 한국어교육은 정규대학에서의 한국어교육과 사회에서 진행하는 비정규 교육으로 나눌 수 있는데, 정규대학에서 진행되는 외국어로서의 한국어교육도 한국어 관련 전공교육①과 교양으로서의 비전공교육으로 세분된다. 본고에서는 중국대륙의 정규대학에서 진행되고 있는 외국어로서의 한국어 관련 전공교육(이하 '중국대학②에서의 한국어교육'으로 약칭한다)에서 제기되는 문제들을 논의하고자 한다.

　　이득춘(1997)에서는 "중국인들은 한국어를 배우기 어려운 일종의 언어로 간주한다. 그것은 유형학적으로 완전히 다른 언어라는 점에서 생소한 감을 갖게 되며 또 한국어의 형태의 다양성으로 하여 극히 복잡한 감을 느끼게 된다. 고립어인 중국어가 어순이 결정적으로 중요하다면 한국어는 문법적 형태가 중요하다. 따라서 중국인들은 한국어의 조사나 어미를 잘 배워 내는 데 무척 힘을 기울이게 된다. 한마디로 말하여 중국인들은 발음으로부터 시작하여 한국어는 입문하기도 쉽지 않을 뿐만 아니라 출구로 빠져나가기도 어려운 언어라고 인식한다."③ 고 지적하고 있다. 그럼에도 불구하고 중국대륙에서 한국어교육이 급증한 이유는 아래와 같다.④

　　첫째, 정세의 변화와 중·한 양국의 외교관계의 수립은 정치, 경제, 문화 등의 여러 분야에서 교류와 왕래가 빈번하게 되었다. 이 결과로 인해 한국어를 전공한 인재에 대한 국가적 수요가 대폭으로 증가되었기 때문이다.

---

① 중국 교육부의 『普通高等學校本科專業目録(2012年)』에 의하면, 현재 4년제 대학에서 실시하고 있는 한국어전공의 공식적인 명칭은 '朝鲜语(조선어)'이며 전공코드는 '050209'이다. 그리고 전문대에서 실시하고 있는 한국어전공의 공식적인 명칭은 '应用韩语(응용한국어)'이며 전공코드는 '660107'이다.

② 본고에서는 수집한 자료의 제한으로 대만, 홍콩, 마카오 지역 대학의 한국어교육은 논의 대상에서 제외하였다.

③ 이득춘, 「중국에서의 한국어교육의 급속한 부상과 한국어의 위치」, 『교육한글』 제10집, 한글학회, 1997, 165쪽.

④ 이득춘, 「중국에서의 한국어교육의 급속한 부상과 한국어의 위치」, 『교육한글』 제10집, 한글학회, 1997, 169쪽.

둘째, 아시아 '四小龍(네마리 작은 용)' 중의 하나인 한국의 기업들이 중국에 대량 진출하고 두 나라의 무역액이 나날이 높아 가며, 한국 관광객이 끊임없이 진입하는 가운데 중·한 쌍방은 모두 다 통역 인재가 대량으로 필요하였기 때문이다.

셋째, 수십 년 간 적대국가로만 알고 보잘 것 없는 것으로만 알던 한국에 대한 인식이 개변된 결과이다. 중국인들이 시장경제의 흡인력으로 사상 의식의 전변을 가져와 한국의 국력 시장을 인정하게 되면서 한국을 재인식하는 가운데, 한국어를 알아야만 한국의 선진적인 것을 따라 배울 수 있고 여러 가지 협력관계를 맺을 수 있다는 것을 깊이 느꼈기 때문이다.

이밖에도 중국대륙에 이미 전부터 200여만 명의 조선족 교포가 거주하여 왔는데 이들은 대부분 중국어와 중국문화, 한국어와 한국문화에 상대적으로 익숙하여 한국 기업체들이 중국대륙에 대거 진출 시 통번역 인재를 포함하여 각 분야의 인재 수요를 동일 시간대에 대량적으로 충원할 수 있었던 '천연 잠재력', 제1단계, 제2단계의 대학들에서 한국학 관련 인재를 끊임없이 배출하여 온 성과 등이 중국에서의 한국어교육이 전성기를 맞는 데 튼튼한 디딤돌이 되었다고 할 수 있다.

그 동안 중국대륙에서는 한국학 관련 연구논문들이 끊임없이 발표되어 왔다. 중국의 'CNKI'[①] 에 수록되어 있는 각 영역 학술지에 발표된 글을 상대로 한국학 관련 핵심주제어를 통해 통계를 낸 것에 따르면, 중국에서의 한국학 연구는 단지 언어, 문학, 문화 등에 국한되지 않고, 크게는 한국의 정치, 경제, 역사, 교육, 관광 등 분야, 작게는 한국인, 한국유학생, 한국영화, 한국드라마, 한국기업 등 다양한 분야의 다양한 주제로 활발하게 진행되고 있음을 알 수 있다. 한국어교육과 관련된 논문들을 보면 대체로 언어, 문학, 문화 영역의 미시적인 연구논문이 많은 비중을 차지하며 중국대학에서의 한국어교육에 대한 거시적 연구 결과물은 그리 많지 않다.

연도순으로 중국대학에서의 한국어교육에 대해 거시적으로 접근한 글들을 살펴보면 다음의 특징을 관찰할 수 있다.

우림걸(1996)에서는 "중국에서의 한국어교육 현황과 문제점"을 주제로, 중국 대학에서의 한국어 교육의 현황, 한국어 강사, 한국어교재와 자료 부족 등 문제점과 개선방안을 제시한 바 있으며, 이득춘(1997)에서는 "중국에서의 한국어 교육의 급속한 부상과 한국어의 위치"를 주제로, '중국인에 대한 한국어 교육의 어제와 오늘', '냉전 결속과 더불어 급변한 한국어의 위치와 그에 따른

---

① '中國知識基礎設施工程(China National Knowledge Infrastructure)'의 약칭이다. http:// epub.cnki.net/

문제점' 등을 논의한 바 있으며, 김병운(1999)에서는 "중국에서의 한국어 교육 방법 및 지도"를 주제로, '한국어 교육의 목표와 교과과정', '교수방법 및 지도' 등을, 노금송(1999)에서는 "중국에서의 한국어 교육 현황과 문제의 해결 방안"을 주제로, 북경에 있는 대학을 중심으로 강사 및 학생의 구성, 교과과정 및 수업시간, 교재, 교수방법 등 한국어 교육현황과 교재의 개발, 교사의 양성 등 문제점 및 해결방안을, 왕단(2002)에서는 "중국 대학교 韓國語科 교육과정 설계에 관한 연구"를 주제로, '韓國語試聽說' 교과목 관련 교육과정 개발 시의 고려 사항, 교과과정 개발의 기본원칙, '韓國語試聽說' 교과목의 교육과정을, 묘춘매(2002)에서는 "중국에서의 한국어 교육 평가"를 주제로, '중국에서의 한국어 교육 현황', '한국어 교육의 평가체계와 평가 현황' 등을, 김영옥(2003)에서는 "중국에서의 한국어(조선어) 교육에 관한 고찰"을 주제로, '대학교에서의 한국어(조선어) 교육의 현황', '조선어(한국어) 교육의 문제점' 등을, 최희수(2005)에서는 "중국의 한국어 교육에서 제기되는 과제"를 주제로, '한국어 교수의 성질', '중국에서 한국어 교육에 종사하는 교사들의 상황', '교수방법', '한국어교재 편찬' 등에 대하여, 김병운(2006)에서는 "중국에서의 한국어 교육의 실태와 과제"를 주제로, 한국어학과의 분포, 재학생 수, 교재 종류 등 한국어 교육의 현 실태, 인재 양성, 교재 및 참고서 개발, 교수들의 자질 향상, 한국어 교육연구 수준의 향상 등 한국어 교육의 과제에 대하여, 김석기(2006)에서는 "중국에서의 한국어 교육 연구 현황"을 주제로, 1997년부터 2005년까지 중국에서 실시된 학술회의 및 학회지에 발표된 논문을 중심으로 한국어 교육 연구 현황에 대하여, 김영수(2007)에서는 "중국의 한국어학과 교육과정 내실화를 위한 기초 연구"를 주제로, 한국어학과의 중한 번역과 개관, 오류 분석을 통해 본 어휘, 문법 등 차원의 교육 내용 내실화 방안에 대하여, 박영환(2007)에서는 "중국에서 한국어교육의 효율적 방안"을 주제로, 한국어교육의 현황 분석, 교수 양성, 교과과정 개발, 교재개발, 교수방법 개선, 평가방법 개선 등 효율적인 한국어교육 방안에 대하여, 김철(2008)에서는 "중국에서의 한국어 교육의 어제와 오늘 및 그 미래"를 주제로, '중국에서 외국어로서의 한국어교육의 역사, 위상, 현황', '한국어 교수진 현황 및 교수 양성 문제', '한국어 교재개발과 한국어 교육연구 현황 및 문제점' 등을, 김희섭·최윤정(2009)에서는 "중국인 대상 한국어 교육 연구 동향 분석"을 주제로, '연도·유형별 연구 동향', '연구 주제별 연구 동향', 그리고 '중국인 대상 한국어 교육 연구 발전을 위한 제언'을, 노금송(2009)에서는 "중국 북경지역 한국어 교육 현황과 과제"를 주제로 북경지역을 중심으로 한국어 교육의 교과과정, 교육자와 피교육자, 교재 및 한국어 연구 상황, 향후 발전 과제 등에 대하여, 김영수(2010)에서는 "중국에서의 대학교 한국어 교육과정 현황과 개선 연구"를 주제로, 중국 대륙 '한국어 교육과정의 현황', '교육과정의 특징과 문제점', '연변대학 한국어학과 교육과정의 개선방안'에 대하여, 전영근(2010)에서는 "중국 사립대학교 한국어교육의 현황과 문제"를 주제로, 사립대학 한국어학과의 개설 상황, 학생 및 교사 실태, 한국어교육의 문제점과 과제에 대하여, 임향란(2010)에서는 "서남지역에서의 한국어학과 실태조사 보고"를 주제로, 서남지역 '한국어학과 설립과 운영 및 재학생 수', '교수 학력 및 성비(성별 비례)', '교수 직함 및 민족 구성', '원어민 교수 채용 및 교수와 학생의 비례', '교육과정 설치와 수업시간과 이수 학점 및 교재 사용'에 대하여, 허련화(2010)에서는 "중국에서의 한국어 교육의 발전방향에 대한 모색"을 주제로, '한국어학과의 취업률의 변화와 발전규모', '고급 전문 인재의 양성', '실용인재의 양성'에 대하여, 송현호(2012)에서는 "중국 지역의 한국학 현황"을 주제로, '한국학 관련 주요대학 현황', '한국학 관련 학술활동 현황' 등에 대하여, 김병운(2012)에서는 "중국대학 한국어교육 실태 조사 보고서"를 주제로, 북경지역, 흑룡강지역, 길림지역, 요녕지역, 화북지역, 산동지역, 강소지역, 상해·절강지역, 화남지역, 서남지역의 한국어교육 실태에 대하여, 주뢰·문복희(2012)의 "중국에서의 한국어교육의 문화교육 실태 및 대안 연구"를 주제로, 한국어학과의 교수진, 교과과정, 교재 등 '한국어 교육현장에서의 문화교육 실태', '한국어교육에서의 문화교육의 문제점 및 개선방안'에 대하여, 허세립·이인순(2013a)에서는 "중국대학의 한국어교육 현황과 전망"을 주제로, '한국어교육에서의 언어교육과 문화교육의 관계', '한국어교육에서의 세 가지 핵심문제－교수진 구성, 교과과정, 학생모집과 취업', '한국어교육의 전망' 등에 대하여, 허세립·이인순(2013b)에서는 "중국대학에서의 한국어교육"을 주제로, 4년제 대학의 한국어교육을 중심으로 '한국어학과의 분포 및 현황', '교과과정 현황', '한국학 관련 연구기관의 분포 및 연구동향'에 대하여, 이해영(2014)에서는 "중국내 한중비교문학 연구의 현황과 과제"를 주제로, '한중비교문학 연구의 가능성과 필요성', '한중고전문학비교연구', '한중근현대문학비교연구', '한중비교문학 형상학 연구'에 대하여, 허세립·이인순(2014)에서는 "범주강삼각주지역의 한국어교육 현황과 과제"를 주제로, 범주강삼각주지역[1]의 '한국어학과 분포 현황', '교수진 현황', '교과과정 현황', '학생모집

---

[1] 일반적으로 범주강삼각주지역은 광동(廣東), 광서(廣西), 운남(雲南), 귀주(貴州), 사천(四川), 해남(海南), 호남(湖南) 강서(江西), 복건(福建) 등 9개 성(省)과 마카오(澳門), 홍콩(香港)을 포함하여 총 11개 지역을 말하는데, 본고에서는 지역적 특성과 분포를 고려하여 중경(重慶)도 포함시킴과 동시에 홍콩과 마카오는 본고의 논의 대상에서 배제하였다.

및 제1지망 충원율', '취업현황', '학술연구', '앞으로의 발전 과제' 등에 대하여, 윤여탁(2015)에서는 "한중 문화교류의 성과와 지평의 확대"를 주제로, '한중 문화교류의 역사적 흐름', '한중 수교 이후의 문화교류의 양상', '한중 문화교류의 지평 확대 방안'에 대하여, 유쌍옥(2016)에서는 "중국의 한국어 교재 사용 현황과 개발방향 연구"를 주제로, '중국의 한국어 교재에 관한 기존 연구', '중국 대학 의한국어학과 개설 현황', '한국어 교재 사용 현황', '한국어 교재 개발의 방향'에 대하여, 김용범 외(2017)에서는 "중국 대학에서의 한국어문학과 개설 현황 및 발전 방안 연구"를 주제로, 국가 '211공정대학', '985공정대학'을 중심으로 '중국 내 한국어문학 관련 선행 연구', '중국 대학 한국어문학과 및 전공 교수진 현황', '중국 내 한국어문학 발전 방안'에 대하여, 허세립·이인순(2018)에서는 "중국 대학 한국어교육의 흐름, 현황 및 발전방안에 대하여"라는 주제로 중국대학에서의 '한국어교육의 발전 흐름', '전문대 응용한국어학과의 현황', '4년제 대학 한국어학과의 현황', '대학원 교육의 현황', '한국학 연구의 현황', '한국어 교육 발전 방향' 등에 대하여 논의한 바 있다.[①]

이 외에도 일부 연구논문들이 발표되었는데 이러한 논문들의 공통점은, 내용적으로 중국대학에서의 한국어교육의 거시적 고찰, 현황 파악, 문제점 발견, 해결책 혹은 발전방향 모색 등이 주를 이루고 있다는 것이다. 비록 연구 성과물의 양은 많지 않지만 서로 다른 시기에 서로 다른 측면에서 중국대학의 한국어 교육의 현황을 살피고 존재하는 문제점들을 점검하면서 해결책을 강구하려는 노력의 흐름으로 볼 수 있으며 앞으로의 중국대학에서의 한국어교육 연구에 좋은 참고자료들을 제공하여 주었다고 할 수 있다. 그럼에도 불구하고 지금까지의 한국어교육 관련 논문들을 살펴보면 아래와 같은 문제점을 안고 있다.

첫째, 지역적으로 볼 때, 지금까지 중국대학에서의 한국어교육 연구는 주로 동북지역(길림성, 요녕성, 흑룡강성), 북경-화북지역(북경시, 천진시, 하북성 등 지역), 화동지역(상해시, 산동성, 강소성, 절강성 등 지역), 화중지역(하남성, 호북성, 호남성 등 지역)을 중심으로 진행되어 왔으며 서북지역, 서남지역, 화남지역을 상대로 하는 연구논문, 연구자료 등은 상당히 드물다. 통계에 의하면 범주강삼각주지역에만 하여도 30여 개의 대학에서 한국어과를 설립·운영하고 있으며 재학생도 3천~4천명에 달할 것으로 추정된다.

둘째, 유형학적으로 볼 때, 중·한 수교 이후 중국대륙에서는 많은 사립대학들이 한국어학과를 설립·운영하고 있고 그 분포 규모에서부터 학생 모집 수에 이르기까지 상당한 발전을 이루었음에도 불구하고 지금까지 중국대학에서

---

① 지면의 제한으로 관련 논문들을 일일이 나열하지 못하였음을 밝혀둔다.

의 한국어교육은 주로 국공립대학의 한국어교육을 중심으로 다루어 왔으며 사립대학을 연구범위에 포함시킨 논문은 그리 많지 않다.

셋째, 시간적으로 볼 때, 지금까지 적지 않은 연구논문들이 중국대학의 한국어교육 현황에 대해 논의를 하여 왔지만 기존에 발표된 통계수치들로는 중국대륙의 빠르게 변화하고 있는 한국어교육의 현황을 정확히 반영하는 데는 한계를 드러내고 있다.

넷째, 연구 형식에서 볼 때, 지금까지 중국대학의 한국어교육을 다룬 글들을 보면 주로 논문의 형식을 취하고 있는데 사실 중국대학의 한국어교육에 관련되는 핵심적인 요소들만 점검한다 할지라도 한국어학과분포, 한국학 관련 연구소(이하 '한국학연구소'로 약칭) 분포 및 연구동향, 교과과정 및 개선방향, 교수진, 교과서, 학생모집 상황, 총체적인 취업률 등의 내용을 한 편의 논문으로 담기에는 공간적으로 한계를 보일 수밖에 없다.

다섯째, 연구방법 면에서 볼 때, 지금까지의 한국어교육 연구는 상대적으로 靜적인 요소에 관한 연구, 예로 들면 교과과정 연구, 교수방법 연구, 교재 연구, 언어 및 문학에 관한 연구 등에 집중되어 왔으며 動적인 연구, 예로 들면, 학과운영과 관련된 연구, 산학협력과 관련된 연구, 취업률 혹은 졸업 후의 진로, 전공만족도 등에 대한 연구는 아직 미흡한 점이 많거나 적게 다루어져 왔다.

여섯째, 이론과 실천의 결합 면에서 볼 때, 일부 논문에서 중국대학의 한국어교육 실태에 관한 조사연구를 진행하였는데 앞으로의 지속적인 연구를 위한 좋은 밑거름이 되었다고 할 수 있다. 하지만 대부분 그 시기 현황의 반영에 치우쳐 있고 이론적 제시 혹은 한국어학과의 앞으로의 발전방향 제시 등에 관한 내용을 체계적으로 깊이 있게 다루지 못한 아쉬움이 남아 있다.

일곱째, 문제의 접근방식에서 볼 때, 중국대륙에서는 4년제 대학과 전문대학, 국공립대학과 사립대학, 연구형 대학과 실용형 대학이 그 경영이념으로부터 인재육성목표, 앞으로의 발전 경로 등에 이르기까지 현저한 차이를 보이고 있는 것은 엄연한 현실임에도 불구하고 지금까지 교수진 혹은 교과과정이나 교재 등을 연구함에 있어서 계열유형에 따라 차별화된 접근이 결여되어 있다.

여덟째, 문제 해결의 차원에서 바라볼 때, 중국대륙에 한국어학과 개설 대학이 약 100개를 넘어설 때부터 학계의 일각에서는 한국어교육의 질을 고려하여 '과열 성장'에 대한 우려 심지어 질타의 목소리가 울려 퍼지기 시작하였는데 현재 한국어학과 개설 대학이 260여 개를 넘어선 현 시점에서 바라볼 때, 학과의 '과열 성장'에 대해 어떻게 인식해야 할 것인가, 혹은 所謂 '과열 성장'하고 있는 한국어학과의 발전을 어떻게 합리적으로, 효과적으로 유도해 나아가야 할 것인가에 대해서는 마땅한 해결책을 제시하지 못하고 있다. 하지만 분명한 것은 한국어학과를 대폭 줄이는 것만이 해결책은 아니다.

아홉째, 학과경영의 차원에서 볼 때, 한국어학과 교수의 자질에 관한 내용을 다룬 논문을 보면 절대 다수가 교수의 전공, 학벌, 직함 등을 주로 논의하고 있는데, 사실 중국대학의 한국어교육 현장을 지켜보면 이보다 더욱 중요한 것이 바로 학과주임교수 혹은 석좌교수의 학과 운영능력 혹은 학과 경영능력이라고 할 수 있다. 하지만 이러한 내용을 다룬 논문은 매우 드물다.

열째, 내용학적으로부터 볼 때, 지금까지 학계의 주된 관심사는 대체적으로 한국어 관련 전공교육영역의 미시적인 부분에 국한되어 왔다고 할 수 있다. 사실 중국대륙에는 현재 적지 않은 대학에서 한국학연구소 혹은 연구중심을 설립하여 운영하고 있으며 한국어교육을 포함하여 한국학에 관한 폭넓은 연구를 진행하고 있다. 하지만 중국대륙의 한국학연구소의 분포, 발전, 연구흐름 등의 내용을 거시적으로 다룬 글은 매우 드물다.

위와 같은 새로운 문제의식에 입각하여 본고에서는 선행연구를 기초로, 그리고 다년간 한국어교육현장 경험과 관련 통계 수치를 바탕으로 중국대학에서의 한국어교육의 발전 흐름, 한국어학과의 분포 및 발전 현황, 한국학연구소의 분포 현황 및 연구동향, 교과과정 및 교수진 등에 대해 폭넓은 논의를 진행하고자 한다.

제2절　연구범위와 연구방법

　중국대학에서의 한국어교육이라 함은 종합적인 내용들을 망라하고 있다. 지역적 차원에서 동북지역, 화북지역, 화동지역, 화중지역, 화남지역, 서남지역, 서북지역 등 지역분포에 따라 한국어교육을 다룰 수 있고, 유형학적 차원에서 국공립대학과 사립대학, 혹은 연구형 대학과 실용형 대학, 4년제 대학과 전문대학 등 대학별 서로 다른 유형으로 나누어 연구를 진행할 수 있고, 내용학적 차원에서 한국어 관련 전공 중심의 한국어교육 연구와 한국학연구소를 주된 연구대상으로 하는 한국어교육 연구를 언급할 수 있으며, 연구방법 면에서 교수진, 교과과정, 교수방법, 교재 편찬 등 상대적으로 靜적인 연구를 중심으로 진행할 수도 있고 학과운영 혹은 학과경영과 관련되는 動적인 내용을 중심으로 연구를 진행할 수도 있다. 서로 다른 연구목적에 따라 서로 다른 연구내용 확정, 서로 다른 연구방법을 적용할 수 있는 것이다. 본고에서는 거시적인 관점에서 중국대륙 전 지역의 대학에서 실시하고 있는 한국어 관련 전공 및 한국학연구소를 포함한 제영역의 한국어교육에 대해 논의를 진행하고자 한다. 다시 말하면, 현재 중국 내 한국어학과의 재학생 규모, 정원 충원률, 제1지망 지원율, 취업률 등 통계 수치의 비교 분석을 통하여 중국대학의 한국어교육의 '건강 상황'을 점검하는 동시에, 교과과정, 전공교재 현황 및 문제점을 파악하고 그 해결 방안을 제시하여 한국어교육의 효과적이고도 지속적인 발전 방안을 모색해 보고자 한다. 구체적으로 말하자면 다음과 같다.

　첫째, 중·한 수교 이래 한국어학과가 기하급수적으로 증가하면서 학계의 일각에서는 한국어학과 발전의 불투명한 미래에 대하여 우려하여 왔는데, 현시점에서 바라볼 때 한국어학과의 '건강 상황'은 어떠하며 그 판단기준은 무엇인가? 한국어교육의 지속적인 발전을 위하여 어떠한 대안이 필요한가?

　둘째, 지금까지 일부 연구논문들이 중국대학의 한국어학과의 분포 현황에 대해 논의를 하였는데 앞에서 이미 언급했듯이 기존에 발표된 통계수치들로는 중국대륙의 빠르게 변화하고 있는 한국어학과의 현황을 정확히 반영하는 데는 한계를 드러내고 있다. 현 시점에서 바라볼 때, 중국대륙의 한국어학과의 분포 현황은 어떠하며, 어떠한 움직임을 보이고 있는가? 특히 주류학계의 시야에서

멀리 떨어져 있는 범주강삼각주지역의 한국어학과의 발전 상황은 어떠한가?

셋째, 지금까지 학계의 일각에서는 중국대륙의 사립대학들에서 대량적으로 한국어학과를 개설·운영하는 것에 대해 이의를 제기하여 왔는데, 사립대학에서의 한국어 관련 전공 교육이 왜서 필요한가? 사립대학의 한국어학과의 발전 상황은 어떠한가?

넷째, 학계의 일각에서는 한국학 관련 연구가 '중국대륙의 주류 학술계에는 아직 들어가지 못했을 것'으로 예측하며 우려의 목소리를 내고 있는데, 과연 중국대륙의 한국학연구소의 분포현황 혹은 발전현황은 어떠하며 연구의 흐름은 어떠한가? 특히 중국대륙의 주류 학술계에서의 움직임은 어떠한가?

다섯째, 한국어학과의 교수진 현황, 교과서 사용 현황은 어떠하며 학과의 발전 수요를 잘 만족시키고 있는가? 지금까지 한국어 교수의 자격 요건으로 주로 전공, 학벌, 직함 등을 논의하여 왔는데, 현재 所謂 '과열 성장'하고 있는 한국어학과를 잘 이끌어 나가자면 이러한 자격 요건 외에 무엇이 급선무인가?

여섯째, 중국대륙의 대학을 총체적으로 4년제 대학과 전문대학, 국공립대학과 사립대학, 연구형 대학과 실용형 대학으로 분류할 수 있는데, 이렇게 서로 다른 유형의 대학의 한국어학과 교과과정을 연구함에 있어서 어떠한 자세와 시야가 필요하며 어떠한 접근방식이 필요한가?

일곱째, 거시적으로 바라볼 때, 중국대륙의 한국어학과의 교과과정 현황, 총체적인 개선방안의 흐름은 어떠한가? 현유의 교과과정에는 어떠한 공통의 문제점들이 존재하며 효과적인 해결 방안은 무엇인가? 그리고 동일한 교과과정이라 할지라도 그 내용구성에 대해 중·한 학자들은 일정한 입장 혹은 견해 차이를 보이고 있는데, 중국대학 한국어학과의 교과과정에 대하여 연구를 진행함에 있어서 현지 교육정책의 특수성을 고려할 때 어떠한 事前 지식 혹은 정보가 필요한가?

본고에서는 이러한 문제들에 대한 답안을 모색해냄으로 하여 중국대학의 한국어교육에 대해 좀 더 깊이 있고 폭넓은 이론 및 실증적인 연구를 진행함과 동시에 학문의 가치정립과 학계의 충분한 주의를 환기시키는 데 주된 목적을 두고 있다.

湯廷池는 "언어를 연구하는 가장 기본적인 방법은 먼저 언어자료(corpus)를 수집하고, 언어자료 중의 어떤 언어현상을 관찰하고 분석하여 가설을 세워 그 현상을 해석한 다음, 傍證 자료를 더 수집 보충하여 제시된 가설을 실증하거나 부정하는 것이다."[1]라고 주장하고 있는데, 이러한 방법은 중국대학의

---

① 湯廷池 저, 박종한 역, 「역자서문」, 『중국어 변형생성문법』, 학고방, 1990, 6쪽.

한국어교육 연구에도 마찬가지로 적용된다고 생각한다.

본고는 연구방법 면에서 선행연구를 바탕으로 거시적 측면에서 중국대학의 한국어교육 발전 현황을 점검하고 해석하고자 하였다. 하지만 접근방식 면에서 새로운 방법을 도입하였다. 즉 중국대학의 한국어교육의 구조연구, 방향성 연구, 교과과정에 대한 내용학적 연구를 주 연구대상으로 하였다. 따라서 교과과정 연구에 있어서는 거시적 연구와 미시적 연구를 결부하여 진행을 하였다. 지금까지 중국대륙의 한국어교육 연구자들의 연구동향을 살펴보면 거시적인 연구보다는 미시적 연구에 편향되어 있었다. 즉 다시 말하면, 한국학 관련 언어·문학·문화의 기초 연구, 비교 연구, 교수방법론 연구 등 미시적 연구에 큰 비중을 싣고 있었으며 구조적 차원에서 중국대학의 전반 한국어교육에 대하여 진행한 연구 논문은 비교적 드물다. 본고에서는 중국대학에서의 한국어교육에 대하여 실증적 차원에서 좀 더 깊이 있는 연구를 진행하기 위하여 아래와 같은 연구방법을 적용하였다.

첫째, 정성(定性)분석과 정량(定量)분석의 결합

둘째, 이론연구와 실증연구의 결합

셋째, 부분연구와 구조연구의 결합

넷째, 共時적 연구와 通時적 연구의 결합

다섯째, 단일 대학 혹은 단일 지역의 경계를 넘어 중국대륙에서 대표적인 한국어학과 혹은 한국학연구소들의 대표적인 사례를 통하여 실증적 연구를 진행하였다.

위와 같은 연구방법을 채용함에 있어서 보다 정확한 관련 정보를 수집하기 위하여 한국학 관련 전문가들의 자문의견 수렴, 관련 대학 답사 혹은 홈페이지 방문, 설문조사 실행, 관련 세미나 개최, 필요한 데이터 수집, 종합정보 통계분석 실시 등 다양한 접근방식을 시도하였다.

동일한 연구대상이라 할지라도 연구목적이 다름에 따라 연구방법도 다를 수 있으며 또한 접근방식이 다름에 따라 그에 대한 연구결과도 다를 수 있다고 생각한다.

본고의 연구결과는 국내외 학자들로 하여금 중국대학의 한국어교육의 실정에 대하여 보다 폭 넓게, 체계적으로 접근할 수 있는 계기를 마련하게 될 것이며 소속대학의 한국어학과 혹은 한국학 관련 연구소의 현주소를 점검하는 데 참고자료를 제공하게 될 것이다. 뿐만 아니라 중국대학의 한국어교육의 미래발전에 대한 지속적 연구를 위하여 필요한 데이터를 제공함과 동시에 교육 개혁 혹은 학과경영의 질을 향상시키는 데 추진 역할을 하게 될 것이다. 그리고 중국대학의 한국학 관련 기본 연구동향을 파악하고 앞으로의 연구 방향을 탐색·조정해 나가는 데 있어서 일정한 참고가치가 있을 것이다. 특히 그동안 중국에 개설된 한국어학과에 대한 정보가 부족했던 한국 연구자들에게 이 연구는 중국의 한국어학과에 대한 객관적인 정보를 제시할 수 있다는 점에서 그 의의가 있을 것이다. 이밖에 국가 교육 행정 부서와 대학의 경영자가 한국어학과 혹은 한국학연구소의 설립 허가 여부에 대한 정책을 제정하고 효과적으로 조정하여 나가는 데도 일정한 도움이 될 것이다.

본 연구는 아래의 몇 가지 사항을 전제로 한다.

첫째, 본고에서는 중국대륙의 한국어교육에 대하여 논의하게 되므로 홍콩, 마카오, 대만 등 지역은 이에 포함하지 않는다. 그리고 대학의 한국어 관련 전공을 중심으로 연구를 진행하기에 초·중·고등학교에서의 한국어교육, 비정규 기관에서의 한국어교육, 교양으로서의 한국어교육 등도 이에 포함하지 않는다.

둘째, 본고에서 말하는 한국어교육은 중국어를 모국어로 하는 민족들을 상대로 하는 외국어로서의 한국어교육을 의미하며 중국 조선족을 상대로 하는 제1언어로서의 한국어교육은 이에 포함하지 않는다.

셋째, 중국대륙의 한국학연구소를, 설립목적에 따라 정치, 경제, 문화, 외교 등 정부 교류 차원에서 설립한 한국학연구소, 대학 학술 교류 차원에서 설립한 한국학연구소, 민간 무역 수요의 차원에서 설립한 한국학연구소 등으로 구분을 할 수 있고, 연구범위에 따라서 전문 한국어교육을 위한 한국학연구소와 한국학의 제 영역 연구를 위한 한국학연구소로 구분을 할 수 있으며, 운영 유형에 따라서 독립적으로 운영되는 한국학연구소와 기타 학문분야와 공동 소속의 한국학연구소로 분류를 할 수 있다. 본고에서 말하는 한국학연구소는 대학에서 학술 교류의 목적으로 설립한 한국어교육의 전문 연구를 위한 연구소를 말하며 기타 유형의 한국학연구소는 이에 포함하지 않는다.

넷째, 본고에서는 기본적으로 중국대학 한국어교육의 거시적 연구에 착안점을 두었다. 따라서 듣기, 말하기, 읽기, 쓰기, 통번역 등 교수법 영역의 연구, 음운론, 어휘론, 문법론 등 언어학 영역의 기초 전문 연구, 문학 영역의 작가, 작품 연구 등 구체 영역의 미시적 연구는 본 연구에 포함하지 않는다.

제 2 장

한국어학과, 한국학연구소
분포 및 발전 현황 분석

중국대학에서의 한국어교육은 1940년대로부터 시작하여 70여년의 역사를 갖고 있다. 그 동안 괄목할 만한 발전을 이루었는데 주로 한국어교육, 중·한통번역, 한국문학과 언어학, 한반도문제 연구 등 영역에서 뚜렷한 연구 성과를 거두었으며 수많은 한국학 관련 인재를 육성하여 왔다.

　중국대학에서 외국어로서의 한국어교육을 제일 처음으로 실시한 대학은 남경국립동방언어전문대학[南京國立東方語言專門學校]으로서 1945년부터 한국어학과를 개설하여 한국어교육을 실시하기 시작하였는데, 1949년 전국 대학교 학부(학과)구조조정으로 인하여 남경국립동방언어전문대학의 한국어학과는 북경대학교 동방언어문학학부[東方語言文學系]에 귀속되었다.[1] 그 후로부터 중국대륙에는 정규대학에 한국어학과가 하나, 둘 개설되기 시작하였고 중·한 수교를 계기로 급성장을 하여 오늘의 규모에 달하게 되었다.

　1940년도 중반부터 시작되어 오늘에 이르기까지 70년 남짓한 한국어교육을, 학자들마다 바라보는 시야가 다름에 따라 서로 다른 발전단계로 나누어 설명하고 있다. 조항록(2005)에서는 1단계(태동과 점진적 발전기, 고대–1970년대초반), 2단계(도약기, 1970년대 중반–1990년대 초반), 3단계(전환기, 1990년대 중반–현재)로 구분을 하였고, 민현식(2005)에서는 준비기(1945년–1970년대 말), 발전기(1980년대–1989년), 성장기(1990년대–현재) 세 단계로 나누어 논의를 하였고, 김경선(2005)에서는 1단계(조선어 교육 시기, 1944년–1992년)와 2단계(한국어 교육 시기, 1993년–현재) 두 단계로 구분을 하였으며, 김석기(2006)에서는 제1기(준비기, 1946년–1971년), 제2기(도약기, 1972년–1991년), 제3기(발전기, 1992년–1999년), 제4기(성장기, 2000년–현재)로 구분하였다. 김철(2008)에서는 1단계(초창기, 1945년–1965년), 2단계(침체기, 1966년–1970년대 말), 3단계(전략적 조절기, 1978년– 중·한 수교 직전), 4단계(발전 및 도약기, 1992년 8월–현재)로 구분하여 설명하였고, 노금송(2009)에서는 1단계(준비기, 1940년 중반– 1992년),

----

① 중국대학에서의 한국어교육을 최초로 실시하기 시작한 시점에 대해 이득춘(1997)에서는 1950년도로, 김철(2008), 김병운(2012)에서는 1946년으로 보고 있는데, 본고에서는 북경대학교 외국어대학 한국어학과 소개 자료를 참조하였다. http://sfl.pku.edu.cn/list.php?catid=105

2단계(발전기, 1993년-2000년대 초), 3단계(전성기, 2000년대 초-현재)
로 구분하였다. 윤여탁(2015)에서는 초창기(1945-1972), 침체기(1972-
1992), 전환기(1992-2002), 성장기(2002-현재) 등 네 단계로 개괄하여 언
급하였다.

필자는 주로 중국대학에서의 한국어학과의 설립연도와 규모 및 한국어교육의
발전 수준 등을 고려하여 중국대학에서의 한국어교육을 아래와 같이 준비기,
발전기, 도약기, 조정기 등 네 단계로 나누었다.

제1단계: 준비기

1945년부터 1990년까지의 이 시기를 중국대학에서의 한국어교육의 준비기
혹은 발전초기로 볼 수 있다. 이 시기 1945년 남경국립동방언어전문대학의
한국어학과의 개설을 시작으로 1949년 북경대학교, 1952년 대외경제무역
대학교, 1953년 낙양외국어대학교(현재 낙양해방군외국어대학교), 1972년
변대학교[1], 1972년 북경제2외국어대학교[2] 등 5개의 대학에 한국어학과가
개설되었으며 주로 국가적 차원에서 정치, 외교, 군사, 교육, 무역 등 면의 인
재양성 및 소수민족지역 지도자 양성을 주요 목표로 하였다.[3]

1940-1950년대의 경우, 학교마다 한국어학과의 규모가 아주 작았으며
북경대학교의 경우 한 학급에 11-12명 정도밖에 안 되었다. 그리고 교육 내적
요소인 한국어교사, 교과서, 교수방법, 연구 등에 있어서 교육목표 달성에 결
핍성을 드러내고 있었다. 일부 대학에서는 교사진 부족으로 대개 3학년부터 연
변대학으로 유학을 가서 위탁교육을 받아 졸업하는 경우도 있었다.[4] 60-70
년대는 당시 혼란스러웠던 문화대혁명과 더불어 여러 가지 어려움을 겪던 시
기로, 전체적으로 볼 때 한국어교육의 침체기라고 할 수 있다. 비록 한국어
교육은 실시하고 있었지만 그 당시 사회환경의 영향으로 학생들의 학업의 열
의가 낮았고 학생들의 소질이나 교육의 질이 높지 못했으며 교과목 개설도 현

---

[1] 연변대학교에서는 1949년에 조선언어문학학부를 설립하였는데 주로 한국어를 제1언어로 하는 학생을 상대로 전공교육을 실시하였다. 연변대학교 조선-한국대학 홈페이지 소개 자료 참조.

[2] 김병운(2012)에 의하면 북경제2외국어대학교의 한국어학과 개설 연도는 1973, 하지만 북경제2외국어대학교 동방어대학의 홈페이지 소개 자료에 의하면 1972년에 한국어학과를 개설하였다고 한다.

[3] 이용해, 『한국학연구』, 민족출판사, 2006, 378쪽.

[4] "1950년대에는 북경대학에서 얼마 간 배운 후 학생들을 연변대학에 보내어 대부분 시간을 연변대학 조문학부(조선언어문학부의 약칭)에 귀속되어 학습하게 되었다. 1952부터 1957년 사이만 해도 86명의 학생이 이렇게 졸업하였다." 이득춘, 「중국에서의 한국어교육의 급속한 부상과 한국어의 위치」, 『교육한글』 제10집, 한글학회, 1997, 167쪽.

재처럼 다양하지 못했다. 70년대 초반에 들어오면서 중국－조선의 관계가 활기를 띠게 되어 연변대학교(1972년), 북경제2외국어대학교(1972년)에서 한국어학과를 설립하게 되었다. 중앙민족대학교에서는 1972년에 중·한통번역학과를 개설하였는데 주로 중국 조선족을 상대로 하는 제1언어로서의 한국어교육을 실시하였다. 1970년 하반기에 들어서면서부터 현실적으로 한국어 인재에 대한 사회적인 수요가 급격히 줄어든 데다 문화대혁명 당시 '독서무용론'의 영향까지 겹치면서 한국어학과 지원자들이 크게 줄었기 때문에 일부 대학에서는 학생모집을 중단하거나 학과를 취소하는 현상까지 발생하였다.[①]

이 시기 한국어교육은 준비기 혹은 초창기로서 전반적으로 볼 때, 한국어교육의 규모도 작았고 교육 여건도 잘 갖추어져 있지 않았으며 여러 면에 미흡한 점이 많았다. 하지만 제2단계의 한국어교육의 발전을 위해 일정한 기반을 닦아 놓았다고 할 수 있다.

제2단계: 발전기

1991년부터 2000년까지의 이 시기를 중국대학에서의 한국어교육의 발전기로 볼 수 있다. 특히 중국과 한국이 국교수립이 이루어지면서 한국어학과를 증설하는 붐이 일어났는데, 1992년에 산동대학교, 북경외국어대학교, 1993년에 길림대학교, 대련외국어대학교, 1994년에 복단대학교, 1995년에 상해외국어대학교에서 한국어학과를 개설하는 등 10년 사이에 전국적으로 28개 대학에서 한국어학과를 증설하였다. 수량적으로 볼 때 제1단계에 비해 약 여섯 배나 증가하였음을 알 수 있다. 이 시기 중·한 경제관계는 비약적으로 발전하였는데 개혁·개방이라는 중국대륙의 거대한 흐름에 한국이 발 빠르게 대응했기 때문인 것으로 평가된다. 중·한 수교 이전, 양국의 교역량은 연간 64억불 정도에 불과하였으나 수교를 계기로 급상승하게 되었던 것이다. 이 시기 한국의 발전상이 중국인들에게 빠르게 알려지게 되면서 한국의 경제위상이 중국인들의 하나의 선망의 대상으로 되었고, 여러 대학에서 한국과의 정치·경제·문화 교류, 교육 교류, 특히는 중국대륙에 진출한 한국기업체들의 한국어 관련 인재 수요를 만족시키고자 한국어학과를 개설하게 되었다. 지역별로 보면 다음과 같다.

[①] "1970년대 말에 이르러 북경대학과 낙양해방군외국어대학을 제외하고 1970년대에 일어섰던 몇 개 대학의 한국어과는 취소되거나 잠시 문을 닫았다. 그 주요 원인은 양성된 학생 수가 이미 수요 숫자를 초과한 데 있다. 1980년대 말부터 시작된 한국어 열풍 속에서 1992년 연변대학 한국어과는 다시 학생을 모집하기 시작하였다." 이득춘, 「중국에서의 한국어교육의 급속한 부상과 한국어의 위치」, 『교육한글』 제10집, 한글학회, 1997, 167쪽.

표2-1 지역별 한국어학과 개설 통계(1991년~2000년)[①]

학교	지역	
	1991년~1995년	1996년~2000년
북경지역	2	
흑룡강성 지역		1
길림성 지역	2	
요녕성 지역	4	1
화북지역[②]	1	
산동성 지역	7	5
상해·절강성 지역	2	3
합계	18[③]	10

위 표2-1에서 알 수 있다시피, 비록 10년이란 짧은 시간이었지만 북경·동북지역에 10개, 화북·산동 지역에 13개, 상해·절강성 지역에 5개 등 총 28개의 대학에서 한국어학과를 증설하였는데, 이 시기 요녕성, 길림성, 흑룡강성 등 동북지역과 천진, 산동 등 발해만 연해지역에 한국 자본이 집중적으로 유치되면서 한국기업의 한국어 관련 인재 수요의 급증과 밀접한 관련을 갖고 있다고 할 수 있다. 비록 1996년 말부터 들이닥친 금융위기로 인하여 한국기업체들이 약간 주춤을 하면서 하강세를 보이기도 하였지만 몇 년 사이에 원기를 회복

[①] 김병운, 『중국대학 한국어교육 실태 조사보고서』, 마포평생학습관, 2012, 5쪽의 내용을 참조.

[②] 중국대륙에서 화북지역은 사실 북경, 천진, 하북성 중남부(하북성 동부는 동북지역에 속한다), 산서성과 내몽골자치구 중부를 지칭한다. 따라서 화북지역과 북경지역은 외연적으로 겹치게 되므로 병렬하여 사용할 경우 논리적 혼선을 빚을 수 있다.

[③] 1995년 11월 북경에서 열린 중국 25소 대학 한국어 통편 교재(통일 편찬 교재) 제4차 회의 문건인 「중국 각 대학 한국어전업 개황」에 의하면, 1995년 말까지 중국대륙에서는 아래와 같은 대학들이 한국어학과를 개설하였다.

(1) 북경시: 북경대학 동방학계, 북경대외경제무역대학 국제교류학원 동방학계, 북경외국어대학, 북경언어문화대학 외국어학원, 북경관광학원, 중앙민족대학.

(2) 길림성: 연변대학 인문학원, 길림대학 외국어학원, 동북사범대학 외국언어문학계.

(3) 요녕성: 요녕대학, 대련외국어학원, 단동사범전과학교

(4) 흑룡강성: 흑룡강대학 동방언어문학계

(5) 산동성: 산동대학, 산동대학 위해분교 외국어계, 산동사범대학, 연대대학 외국어계, 청도대학 문학원, 청도해양대학 외국어학원.

(6) 상해시: 복단대학 외문계, 상해외국어대학.

(7) 천진시: 천진남개대학 성인교육학원, 천진외국어학원 일본어계.

(8) 하남성: 낙양해방군외국어대학 동양학부.

(9) 사천성: 중경대학 외국어계.

이득춘, 「중국에서의 한국어교육의 급속한 부상과 한국어의 위치」, 『교육한글』 제10집, 한글학회, 1997, 168쪽의 내용을 재인용.

하여 대 중국투자와 한국기업의 진출이 활성화되기 시작하였다. 이는 한국어 학과의 발전에 튼튼한 디딤돌이 되었다고 할 수 있다. 학술 연구 면에서 볼 때, 1996년에 전국적으로 통일된 교재 편찬, 1997년부터 연변과학기술대학 등 일부 대학들이 한국어교육 학술대회를 개최하는 등 공동 연구의 필요성을 느끼게 되었고 한국어교육 활성화의 조짐을 보이기 시작하였다.

제3단계: 도약기

2001년부터 2015년까지의 시기를 중국대학에서의 한국어교육의 도약기 혹은 전성기로 볼 수 있다. 이 시기 한국어교육이 급성장을 하게 되었는데, 수량적으로 볼 때 현재 약 260 여개의 대학에서 한국어학과를 개설·운영을 하고 있다. 이는 준비기, 발전기 두 단계에 비해 그 규모가 여덟 배나 된다.

김병운(2012)에 의하면 2001년부터 2009년까지만 하여도 138개의 대학에서 한국어학과를 증설하였는데, 지역별로 보면 다음과 같다.

표2-2 지역별 한국어학과 개설 통계(2001년-2009년)[1]

지역	학교	
	2001년-2005년	2006년-2009년
북경지역	3	1
흑룡강성 지역	5	12
길림성 지역	7	8
요녕성 지역	5	1
화북지역	5	3
산동성 지역	22	16
강소성 지역	14	14
상해·절강성 지역	2	6
화남지역	7	4
서남지역	1	2
합계	71	67

위 표2-2를 통해, 2001년-2009년 사이에 북경·동북지역의 42개 대학, 화북·산동 지역의 46개 대학, 화동지역(강소성, 상해·절강성 지역)의 36개 대학, 화남·서남지역의 14개 대학에서 한국어학과를 증설하였음을 알 수 있다.

[1] 김병운, 『중국대학 한국어교육 실태 조사보고서』, 마포평생학습관, 2012, 5쪽의 내용을 참조.

지역적으로 볼 때, 한국어교육의 열풍이 동북지역과 발해만 지역으로부터 점차 장강삼각주지역과 범주강삼각주지역으로 확산이 되어갔으며 범주강삼각주지역은 타 지역에 비해 한국어교육의 붐이 상대적으로 늦게 시작되었음을 알 수 있다. 제3단계에 들어서면서부터 한국어학과가 기하급수적으로 늘어났고 중국대학의 한국어교육은 전례 없는 변화를 가져오게 되었다. 한국어학과의 교수진 증대는 물론, 여러 대학에서 석사코스, 일부대학에서는 박사코스까지 운영하여 한국어 고급인력을 배출하는 동시에, 교육여건의 끊임없는 개선, 한국어 교수방법 연구 활성화, 한국 자매대학과의 대외협력 강화, 공동교과과정 운영, 한국인 교수 초빙 및 한국학 도서자료 대량 유입, 한국어교육에 필요한 교재 공동 개발, 각종 학술회의 주기적 개최 등 활발한 양상을 보여 왔다.

제4단계: 조정기

2016년부터 현재까지의 시기를 중국대학에서의 한국어교육의 조정기로 볼 수 있다. 이 시기의 특징을 보면, 대부분 대학들에서 원래의 발전 속도를 유지하고 있는 반면, 일부 대학들에서는 한국의 '사드 배치'의 영향으로 한국어 관련 학과의 학생모집이 주춤하는 등, 도약기 혹은 전성기에 비해 상대적으로 조심스런 모습을 보여 왔다. 일부 대학들에서는 정원을 하향 조정, 혹은 격년으로 학생 모집, 혹은 임시 모집 중단 등 현상이 나타나기도 하였다. 반면에 길림대학, 중국해양대학, 경제무역대학, 호남사범대학, 광동외어외무대학 등에서는 한국어전공 박사코스를 증설하는 등 적극적인 움직임을 보이고 있다. 총체적으로 볼 때, 이 시기는 한국어 교육의 양적인 확장보다는 내실을 강화하는 시기라 볼 수 있다.

이상과 같이 중국대학에서의 한국어교육을 네 단계로 나누어 고찰하였는데, 사실 중국대학에서의 한국어교육의 활성화는 중·한 수교 및 양국 간 정치, 경제, 문화, 교육 교류 대폭 강화, 한국인 기업체 중국대륙 시장 대거 진출, 그리고 한류의 끊임없는 영향력과 밀접한 관련이 있다.

1 선행연구

중·한 수교와 한국기업의 대거 중국 현지시장 진출, 한류 열풍, 그리고 한국의 국가 브랜드 전략과 중국 경제의 급부상 등의 요인으로 중국대학에서의 한국어교육의 규모는 기하급수적으로 발전해 왔다고 할 수 있다. 비록 미국발 금융위기로 세계 경제가 흔들리고 중국 현지에 진출한 적지 않은 한국인 기업이 경영난에 빠지면서 한때는 일부 지역의 한국어학과가 폐과에 직면하는 등 어려운 시기도 있었지만 중국 대부분 지역의 한국어학과는 크게 흔들림 없이 꾸준히 발전해 왔다. 그럼에도 불구하고 지금까지 중국대륙의 한국어학과의 분포에 대한 연구논문은 그리 많지 않다. 비교적 대표적인 글들을 살펴보면 다음과 같다.

김병운(2006)에 의하면 "중·한 수교 전 한국어학과가 개설된 대학교로는 불과 북경대학교, 대외경제무역대학교, 낙양외국어대학교, 북경제2외국어대학교, 연변대학교 등 5개 대학이었으나 90년대에 들어와 중·한 수교가 이루어지면서 길림대학, 산동대학 등 19개 대학교에 한국어학과를 증설하였고, 2000년 이후(2006년 기준)에는 또 천진사범대학, 남경사범대학 등 25개 대학교에 한국어학과를 증설함으로써 국립대로서 본과에 한국어학과를 개설한 대학교 수는 도합 49개에 달하였다."

강은국(2010)에 의하면, 2009년 조사 기준으로 4년제 대학에 설립된 한국어학과가 98개였으며, 김영수(2010)에 의하면 국공립대와 사립대, 4년제 대학과 전문대를 모두 포함하여 180여 개 대학에 한국어학과가 개설되었다고 한다. 우림걸(2011)에서는 2010년 중국 교육부(Ministry of Education of the People's Republic of China)의 통계를 근거로 중국 내 2305개 (4년제 1090, 3년제 1215)대학 가운데 211개의 대학에 한국어학과가 개설되어 있다고 제시한 바 있다. 필자가 2019년 1월 기준으로 중국의 '教育部招生阳光工程指定平台(교육부 학생모집 햇볕프로젝트 지정 플랫폼)'인 '阳光高考网'[①]의 관련 정보

---

① 阳光高考——教育部高校招生阳光工程指定平台
https://gaokao.chsi.com.cn/zyk/zybk/schools.action?specialityId=73388221&ssdm=(2019.1.5)

를 바탕으로 통계를 낸 것에 의하면, 현재 국공립대와 사립대를 포함하여 124개의 4년제 대학에 한국어학과가 개설되어 있고 140개의 전문대학에 응용한국어학과가 개설되어 있는 것으로 추정된다. 거의 중국 전역에 한국어 교육 열풍이 불고 있는 셈이다. 물론 한국어학과 개설의 분포를 보면 심각한 지역적 불균형을 보여주고 있다. 대부분의 한국어학과는 장강(양자강) 이북 화동, 화북 및 동북지역에 편중되어 있고 내륙지역은 소수이며 그것도 거의 대부분 직업학교에 개설되어 있다.

비록 통계시점 및 통계대상 포괄범위 등이 다름에 따라 일정한 숫자적 차이를 보이고는 있지만 총체적으로 볼 때 증가세를 보이고 있음을 알 수 있다.

2 한국어학과의 분포 및 발전 현황 분석

① 전문대 응용한국어학과의 분포 현황 분석

필자가 2019년 1월 기준으로, 중국의 '教育部招生阳光工程指定平台(교육부 학생모집 햇볕프로젝트 지정 플랫폼)'인 '阳光高考网(햇볕대입사이트)'의 관련 정보를 바탕으로 통계를 낸 바에 의하면, 국공립대와 사립대를 포함하여 140개의 전문대학에 '응용한국어학과'가 개설되어 있는 것으로 추정된다. 지역에 따라 구체적인 분포 현황은 아래와 같다.

표2-3 중국내 응용한국어학과 개설 대학

지 역	응용한국어학과 개설 대학 (140개)
북 경 (0)	
천 진 (2)	천진직업대학, 천진상무직업학원
하북성 (4)	창주사범학원, 하북관광직업학원, **하북외국어학원**, 하북대외경무직업학원
요녕성 (11)	안산사범학원, 조양사범고등전문학교, 무순사범고등전문학교, 철령사범고등전문학교, 대련직업기술학원, **요동학원**, 요녕기전직업기술학원, 대련번역직업학원, 요녕지질공정직업학원, 요녕민족사범고등전문학교, 대련풍엽직업기술학원
길림성 (9)	**연변대학**, 길림공정기술사범학원, 길림경찰학원, 길림사법경관직업학원, 길림전자정보직업기술학원, 길림직업기술학원, 장춘직업기술학원, **장춘광화학원**, 연변직업기술학원

(속 표)

지 역	응용한국어학과 개설 대학 (140개)
흑룡강성(9)	치치할고등사범전문학교, 목단강대학, 흑룡강공업학원, 흑룡강직업학원, 흑룡강농업경제직업학원, **하얼빈원동이공학원,** 하얼빈도시직업학원, 흑룡강관광직업기술학원, 흑룡강민족직업학원
상 해(5)	상해관광고등전문학교, 상해제2공업대학, 상해민원직업기술학원, 상해공상외국어직업학원, 상해중교직업기술학원
강소성(24)	남경공업직업기술학원, 연운강직업기술학원, 삼강학원, 연운강사범고등전문학교, 태주학원, 남경특수교육직업기술학원, 남통이공학원, 규호직업기술학원, 상주정보직업기술학원, 강소연합직업기술학원, 응천직업기술학원, 무석과기직업학원, 무석상업직업기술학원, 종산직업기술학원, 무석남양직업기술학원, 강남영상예술직업학원, 강소농림직업기술학원, 남경정보직업기술학원, 강해직업기술학원, 무석공예직업기술학원, 양주공업직업기술학원, 남경관광직업학원, 강소제2사범학원, 염성유아사범고등전문대학
절강성(4)	녕파직업기술학원, **절강수인학원, 절강월수외국어학원,** 절강관광직업학원
안휘성(4)	무호직업기술학원, 지주학원, 안휘외국어학원, 마안산사범고등전문학교
산동성(37)	**산동이공대학,** 산동상업직업기술학원, **청도빈해학원,** 일조직업기술학원, 곡부원동직업기술학원, 청도직업기술학원, 위해직업학원, 산동여자학원, **연대남산학원,** 유방직업학원, 연대직업학원, 산동과기직업학원, 유방과기학원, 산동성한재무직업학원, 청도비양직업기술학원, 산동영재학원, 치박직업학원, 산동외무직업학원, 청도호텔관리직업기술학원, 산동정보직업기술학원, 청도항만직업기술학원, 청도항성직업기술학원, 산동경무직업학원, 청도황해학원, 청도구실직업기술학원, 산동외국어직업학원, 치박사범고등전문학교, 산동전자직업기술학원, 산동관광직업학원, 산동외사번역직업학원, **청도공학원,** 치루이공학원, **요성대학 동창학원,** 산동상업직업학원, 산동청년정치학원, 유방공정직업학원, 산동농업공정학원

(속 표)

지 역	응용한국어학과 개설 대학 (140개)
하남성(3)	**정주대학**, 정주관광직업학원, **하남재정금융학원**
호북성(4)	무한도시직업학원, 무한외어외사직업학원, 무창직업학원, 무한상업무역직업학원
호남성(2)	호남외무직업학원, 호남외국어직업학원
광동성(7)	남화공상직업학원, 사립화련학원, 광동영남직업기술학원, 광동공무직업기술학원, 광주섭외경제직업기술학원, 광주성건직업학원, 광동건설직업기술학원
광서쫭족자치구(1)	계림관광학원
중경(0)	
사천성(2)	사천도시직업학원, **사천외국어대학 성도학원**
운남성(1)	운남외사외국어직업학원
섬서성(0)	
산서성(3)	산서관광직업학원, 산서화오상무직업학원, 태원관광직업학원
강서성(3)	강서관광상무직업학원, 강서외어외무직업학원, 응담직업기술학원
내몽골 자치구(2)	내몽골사범대학, 포두경공직업기술학원
신강위그르자치구(1)	우루무치직업대학
해남성(2)	해남외국어직업학원, 해남경무직업기술학원

　응용한국어학과의 지역분포 차원에서 보면, 한국과의 교류가 활발한 지역, 한국기업이 대량 진출한 지역, 한류의 영향을 상대적으로 많이 받는 지역, 다시 말하면 산동성(37개), 강소성(24개), 요녕성(11개), 흑룡강성(9개), 길림성(9개) 등 지역에 응용한국어학과를 개설한 대학이 90개로 전체의 64.3%를 차지하고 있다. 반면, 사천성, 해남성의 경우 각 2개 교에, 광서쫭족자치구, 신강위그르자치구, 운남성의 경우 각 1개 교에 응용한국어학과가 개설되어 있

으며 북경시, 중경시, 섬서성의 경우 응용한국어학과를 개설한 대학이 한 곳도 없는 것으로 추정된다. 물론 북경시의 경우, 북경연합대학, 북경길리학원 등에서 응용한국어학과를 개설했었는데, 현재 인터넷 상으로 검색이 되지 않는 것을 보면 학생모집을 중단하였거나 폐과를 한 것으로 추정된다.

학과 설립 대학 유형으로 보면, 주로 전문대에서 응용한국어학과를 설립·운영하고 있으며, 하북외국어학원, 요동학원, 장춘광화학원, 연변대학, 하얼빈원동이공학원, 절강월수외국어학원, 절강수인학원, 산동이공대학, 청도빈해학원, 연대남산학원, 청도공학원, 요성대학 동창학원, 정주대학, 하남재정금융학원, 사천외국어대학 성도학원 등 일부 4년제 대학에서도 응용한국어학과를 개설·운영하고 있다.[1]

양적 측면에서 보면 응용한국어학과를 설치한 대학이 2015년 154개에서 현재는 140개로 14개가 줄어든 상황이다.

지역별로 보면 하북성 2개(랑방직업기술학원, 석가장도시경제직업학원), 요녕성 4개(무순직업기술학원, 요양직업기술학원, 대련예술학원, 대련상무직업학원), 흑룡강성 2개(하얼빈강남직업기술학원, 흑룡강농간과기직업학원), 상해 2개(상해상학원, 상해진단직업학원), 강소성 4개(강소도시직업학원, 남통직업대학, 강소경제무역직업기술학원, 회안정보기술학원), 안휘성 2개(안휘공상직업학원, 회북직업기술학원), 산동성 3개(산동개문과기직업학원, 연태자동차공정직업학원, 산동행림과기직업학원), 하남성 1개(하남교육학원), 호북성 1개(무한공업직업기술학원), 호남성 2개(호남재경공업직업기술학원, 호남철로과기직업기술학원), 내몽골 1개(내몽골경무외어직업학원) 총 24개 대학은 몇 년 전만 하여도 중국교육부의 '阳光高考网'에서 검색이 되던 것이 현재로서는 검색이 되지 않는 대학으로, 그중 일부는 학생모집이 중단되었거나 폐과가 된 것으로 추정된다. 물론 사이트의 운영 상황에 따라 일정한 오류가 있을 수 있음을 밝혀둔다. 학생모집이 중단된 구체적인 원인은 학교마다 상황이 다르겠지만, 일반적으로 학생모집 어려움, 취업난, 교내의 정원 조정 혹은 현재 중국내 '이공계열 인재 중점 육성'이라는 사회적 큰 틀 안에서의 전공조정 등을 그 이유로 들 수 있다.

반면, 하남성의 하남재정금융학원, 광동성의 광주성건직업학원, 광동건설직업기술학원, 사천성의 사천외국어대학 성도학원, 운남성의 운남외사외국어직업학원 등 약 10개 대학에서는 근년에 응용한국어학과를 증설한 것으로 추정된다.

---

[1] 일부 대학에서는 학생모집을 중단하였거나 폐과된 경우도 존재한다.

② 4년제 대학 한국어학과의 분포 현황 분석

　필자가 2019년 1월 기준으로 중국의 '教育部招生阳光工程指定平台(교육부 학생모집 햇볕프로젝트 지정 플랫폼)' 인 '阳光高考网(햇볕대입사이트)'[①] 의 관련 정보를 바탕으로 통계를 낸 것에 의하면, 국공립대와 사립대를 포함하여124 개의 4년제 대학에 '한국어학과' 가 개설되어 있는 것으로 추정된다. 지역에 따라 구체적인 분포 현황은 아래와 같다.

표2-4 중국내 4년제 대학 한국어학과 개설 대학

지 역	한국어학과 개설 대학 (124개)
북 경(7)	북경대학, 북경외국어대학, 북경언어대학, 대외경제무역대학, 북경제2외국어학원, 중국커뮤니케이션대학, 중앙민족대학
천 진(4)	천진사범대학, 천진외국어대학, 천진외국어대학 빈해외사학원, 천진사범대학 진고학원
하북성(4)	하북대학, 하북경제무역대학, 하북외국어학원, 하북대학 공상학원
요녕성(4)	요녕대학, 대련외국어대학, 요동학원, 대련민족대학
길림성(16)	길림대학, 연변대학, 장춘이공대학, 북화대학, 통화사범학원, 길림사범대학, 장춘사범학원, 길림재경대학, 길림화교외국어학원, 길림경찰학원, 길림농업과기학원, 장춘광화학원, 장춘과기학원, 길림사범대학 박달학원, 장춘대학 관광학원, 동북사범대학 인문학원
흑룡강성(10)	흑룡강대학, 하얼빈이공대학, 가목사대학, 하얼빈사범대학, 치치할대학, 목단강사범학원, 흑룡강동방학원, 흑룡강외국어학원, 하얼빈원동이공학원, 할빈케임브리지학원
상 해(6)	복단대학, 상해외국어대학, 상해해양대학, 상해상학원, 상해외국어대학 현달경제인문학원, 상해삼달학원
강소성(11)	남경대학, 소주대학, 남경사범대학, 염성사범학원, 상숙이공학원, 서주공정학원, 양주대학, 회해공학원, 소주대학 응용기술학원, 양주대학 광릉학원, 중국커뮤니케이션대학 남광학원
절강성(4)	항주사범대학, 절강월수외국어학원, 절강수인학원, 절강외국어학원

---

① 阳光高考——教育部高校招生阳光工程指定平台
　　https://gaokao.chsi.com.cn/zyk/zybk/schools.action?specialityId=73383515&ssdm=(2019.1.5)

(속 표)

지 역	한국어학과 개설 대학 (124개)
안휘성(2)	합비학원, 안휘외국어학원
산동성(27)	산동대학, 중국해양대학, 산동과기대학, 청도과기대학, 제남대학, 청도이공대학, 제로공업대학, 산동이공대학, 청도농업대학, 산동사범대학, 곡부사범대학, 요성대학, 노동대학, 임이대학, 청도빈해학원, 청도대학, 연태대학, 유방학원, 산동공상학원, 연태남산학원, 연태대학 문경학원, 청도공학원, 청도농업대학 해도학원, 요성대학 동창학원, 하얼빈공업대학 위해분교, 산동대학 위해분교, 제로이공학원
하남성(1)	정주경공업학원
호북성(3)	화중사범대학, 중남민족대학, 장강대학문리학원
호남성(4)	중남림업과기대학, 호남사범대학, 호남이공학원, 호남섭외경제학원
광동성(6)	중산대학, 중산대학 남방학원, 광동외어외무대학, 길림대학 주해캠퍼스, 광동백운학원, 광동외어외무대학 남국상학원
광서좡족 자치구 (1)	광서사범대학
중경(2)	사천외국어대학, 사천외국어대학 중경남방번역학원
사천성(2)	서남민족대학, 사천외국어대학성도학원
운남성(2)	운남사범대학 상학원, 운남사범대학 문리학원
섬서성(6)	위남사범학원, 서안외국어대학, 서안번역학원, 서북정법대학, 서안배화학원,서안외사학원
산서성(0)	
강서성(1)	강서사범대학
내몽골 자치구(0)	
신강위그르자치구 (0)	
해남성(1)	해구경제학원

　　한국어학과의 지역분포 차원에서 보면, 역시 한국과의 교류가 활발한 지역, 한국기업이 대량 진출한 지역, 한류의 영향을 상대적으로 많이 받는 지역, 다시 말하면 산동성(27개), 길림성(16개), 강소성(11개), 흑룡강성(10개)에 한국어학과를 개설한 대학이 총 64개로, 전체의 약 51.6%를 차지하고 있다. 반

면, 중경시, 사천성, 운남성, 안휘성에는 각 2개 교에, 광서쫭족자치구, 강서성, 하남성에는 각 1개 교에 한국어학과가 개설되어 있으며, 내몽골자치구, 신강위그르자치구, 산서성의 경우 4년제 한국어학과를 개설한 대학이 한 곳도 없는 것으로 추정된다.

양적 측면에서 보면 한국어학과를 개설한 대학이 2015년 119개에서 현재는 124개로 5개가 더 증가하였다.

지역별로 보면 상해시의 상해삼달학원, 강소성의 중국커뮤니케이션대학 남광학원, 절강성의 절강외국어학원, 산동성의 제로이공학원, 섬서성의 서북정법대학, 서안배화학원, 서안외사학원, 강서성의 강서사범대학, 광동성의 중산대학 남방학원 등 대학에서 근년에 한국어학과를 증설한 것으로 추정된다.

반면, 북경시의 북경공업대학, 상해시의 화동정법대학, 산동성의 곡부사범대학 행단학원, 제남대학 천성학원 등 대학은 몇 년 전만 하여도 중국교육부의 '阳光高考网' 에서 검색이 되던 것이 현재로서는 검색이 되지 않는 대학으로, 그중 일부 대학은 학생모집이 중단된 것으로 추정된다. 물론 사이트의 운영 상황에 따라 일정한 오류가 있을 수 있음을 밝혀둔다. 학생모집이 중단된 구체적인 원인은 학교마다 상황이 다르겠지만, 일반적으로 학생모집 어려움, 취업난, 교내의 정원 조정 혹은 현재 중국내 '이공계열 인재 중점 육성'이라는 사회적 큰 틀 안에서의 전공 조정 등을 그 이유로 들 수 있다.

③ 대학원 석박사코스 개설 현황 분석

송현호(2012)에서는 '중국 내 주요 대학의 한국학 관련 학과 개황'을 언급하면서, 석사코스를 개설한 대학을 20곳으로 집계한 바 있다. 필자가 2016년 12월 기준으로, 中国研究生招生信息网 (중국 대학원생 모집정보 사이트)[①]의 관련 자료를 바탕으로 통계한 바에 의하면 현재 중국대륙의 한국어학과에서 대학원 석박사코스를 개설한 현황은 다음과 같다.

표2-5 중국의 한국어학과 대학원 석박사코스 개설 현황

번호	학교명	석사코스	박사코스
1	북경대학	○	○
2	북경언어대학	○	○
3	북경외국어대학	○	○
4	북경경제무역대학	○	

---

① 中国研究生招生信息网 http://yz.chsi.com.cn/zyk/specialityByName.do?xwlx=40xs&zymc=亚非语言文学 (2016.12.18)

(속 표)

번호	학교명	석사코스	박사코스
5	북경제2외국어대학	○	
6	중앙민족대학	○	○
7	천진외국어대학	○	
8	해방군외국어학원(낙양)	○	○
9	대련외국어대학	○	
10	길림대학	○	
11	연변대학	○	○
12	길림사범대학	○	
13	길림화교외국어학원	○	
14	흑룡강대학	○	
15	가목사대학	○	
16	산동대학	○	
17	산동대학 위해분교	○	○
18	중국해양대학	○	
19	산동사범대학	○	
20	연대대학	○	
21	청도대학	○	
22	곡부사범대학	○	
23	복단대학	○	○
24	상해외국어대학	○	○
25	남경대학	○	○
26	남경사범대학	○	
27	양주대학	○	
28	절강공상대학	○	
29	화중사범대학	○	
30	호남사범대학	○	
31	광동외어외무대학	○	
32	광서사범대학	○	
33	사천외국어대학	○	
34	서안외국어대학	○	

표2-5를 보면 도합 34의 대학에서 석사코스를 개설하고 있다. 이는 송현호(2012)의 통계자료에 비해 일정한 양적 증가세를 보이고 있지만, 현재 중국 내에 한국어학과를 개설한 대학이 260여 곳에 달한 것에 비하면 양적으로 극히 제한되어 있음을 알 수 있다. 박사코스를 개설한 대학이 현재 10여개 교[①]로, 중국 내의 한국어학과 교수들의 박사학위 수요를 만족시키기에는 역부족한 상황이다.

④ 지역별 한국어교육 현황 분석

(1) 북경지역

북경지역에는 한국어학과를 개설한 대학이 14개로, 그중 응용한국어학과를 개설한 대학과 한국어학과를 개설한 대학이 각 50%를 차지하며 4년제 대학 7개 중에서 6개 대학이 석사코스를 개설하였다. 그리고 북경대학, 중앙민족대학,북경외국어대학, 북경언어대학 등 4개 대학에서 박사코스를 운영하고 있고 이는 중국내 박사코스가 있는 대학의 40%를 차지하며, 현재 중국내에서 한국어교육이 활발하게, 그리고 깊이 있게 진행되고 있음을 알 수 있다. 존재하는 문제점으로, 김영옥(2012)에서는 교사 부족, 이상적인 교재 부족, 전공도서나 교육시설 등 교육보조자원 부족, 교과과정 수정과 보완, 대학생들의 실습기지문제 등을 지적하고 있다.

(2) 흑룡강지역

흑룡강지역의 경우, 한국어학과를 개설한 대학이 20개로, 그중 응용한국어학과를 개설한 대학과 한국어학과를 개설한 대학이 각 50%를 차지하며 4년제 대학 10개 중에서 흑룡강대학, 가목사대학 등 2개 대학이 석사코스를 개설하였다. 존재하는 문제점으로, 신창순(2012)에서는 한국어교육 자격을 갖춘 교사양성, 교사진의 민족비례와 연령비례, 책임감 있는 원어민강사 채용, 교재, 참고서, 과외도서 확보, 교수연구 활동과 학생 경시대회 강화, 교육의 질적 제고문제 등을 지적하고 있다.

(3) 길림성지역

길림성지역의 경우, 한국어학과를 개설한 대학이 24개로, 그중 응용한국어학과를 개설한 대학이 7개, 한국어학과를 개설한 대학이 17개이며 4년제 대학이 71%를 차지하고 있다. 길림대학, 길림사범대학, 길림화교외국어대학 등에서 석사코스를 개설하였고 연변대학에서는 석박사코스를 모두 개설·운영하고 있다. 존재하는 문제점으로, 윤윤진(2012)에서는 고급교사 부족, 중년교

[①] 현재 길림대학교, 중국해양대학교, 대외경재무역대학교, 호남사범대학교, 등에서도 박사코스를 증설하고 있다.

사 부족, 원어민 교사 채용 요구 강화, 전공교재 사용 규범화, 계획성이 결여된 학생모집, 그리고 한국어교육 표준화, 교수평가 표준화, 학회지 발간 문제 등을 지적하고 있다.

(4) 요녕지역

요녕지역의 경우, 한국어학과를 개설한 대학이 16개로, 그중 응용한국어학과를 개설한 대학이 13개, 한국어학과를 개설한 대학이 3개, 4년제 대학이19%를 차지하고 있으며 현재 대련외국어대학에서 석사코스를 개설하였다. 존재하는 문제점으로 장동명(2012)에서는 모집 정원 과다, 교사들의 학력 저하,전공교재 부족, 실습장소 부족, 전공 관련 도서자료 부족 등을 꼽고 있다.

(5) 화북지역(천진, 하북, 하남)

천진, 하북, 하남지역의 경우, 한국어학과를 개설한 대학이 19개로, 그중 응용한국어학과를 개설한 대학이 10개, 한국어학과를 개설한 대학이 9개이며 4년제 대학이 47%를 차지하고 있다. 천진외국어대학에서 석사코스를 개설하였고 해방군외국어학원에서는 석박사코스를 모두 개설·운영하고 있다. 존재하는 문제점으로, 김장선·한청(2012)에서는 고학력, 유능한 교사 부족, 체계적이고 합리한 전공교재 부족, 한국어능력시험과 관련된 지도적인 참고자료 개발, 학교 간의 상호교류 부족 등을 지적하고 있다.

(6) 산동지역

산동지역의 경우, 한국어학과를 개설한 대학이 67개로, 그중 응용한국어학과를 개설한 대학이 39개, 한국어학과를 개설한 대학이 28개이며 4년제 대학이 42%를 차지하고 있다. 중국 전역에서 한국어교육이 제일 활발하게 진행되고 있음을 가늠할 수 있다. 산동대학, 산동대학 위해분교, 중국해양대학, 산동사범대학, 연대대학, 청도대학, 곡부사범대학 등에서 석사코스를 개설하였고 산동대학 위해분교에서는 석박사코스를 모두 개설·운영하고 있다. 존재하는 문제점으로, 지수용·최계화·이호(2012)에서는 일부 전공교과목 담당 교수 부족, 고학력 교사 부족, 시청각시설 등 교수보조수단 부진, 수준 높은 교재 개발, 교육연구 활성화 등을 지적하고 있다.

(7) 강소지역

강소지역의 경우, 한국어학과를 개설한 대학이 35개로, 그중 응용한국어학과를 개설한 대학이 24개, 한국어학과를 개설한 대학이 11개이며 4년제 대학이

31%를 차지하고 있다. 남경사범대학, 양주대학 등에서 석사코스를 개설하였고 남경대학에서는 석박사코스를 모두 개설·운영하고 있다. 존재하는 문제점으로, 문영자(2012)에서는 실제에 부합되는 교육목표 설정, 특화된 교과과정 실시, 교사자질의 질적 향상, 지방실정과 학교특성에 맞는 교재개발, 교육연구 강화 등을 지적하고 있다.

(8) 상해·절강지역

상해·절강지역의 경우, 한국어학과를 개설한 대학이 18개로, 응용한국어학과와 한국어학과를 개설한 대학이 각 50%를 차지하고 있다. 양주대학에서 석사코스를 개설하였고 상해외국어대학, 복단대학에서 석박사코스를 모두 개설·운영하고 있다. 존재하는 문제점으로, 강보유(2012)에서는 원어민 강사의 강의 규범화, 교사 인력 강화, 체계적인 맞춤형 교재 개발, 전공 눈높이에 알맞은 한국원서 유입 등을 지적하고 있다. 그리고 정부 혹은 학회 차원에서 대학 간 정보망 구축과 상호 교류 및 유동 활성화, 맞춤형 교육과정 실시, 맞춤형교재 공동개발, 한국어능력평가 시스템 구축, 한국어 교수요강 책정 등 사업을 조속히 추진해 나가야함을 주장하고 있다.

(9) 화중지역(호북·호남·강서)

호북·호남·강서지역의 경우, 한국어학과를 개설한 대학이 17개로, 그중 응용한국어학과를 개설한 대학이 9개, 한국어학과를 개설한 대학이 8개이며 4년제 대학이 47%를 차지하고 있다. 화중사범대학, 호남사범대학 등에서 석사코스를 개설하였다.

(10) 화남지역(광동·광서·해남)

광동·광서·해남지역의 경우, 한국어학과를 개설한 대학이 17개로, 그중 응용한국어학과를 개설한 대학이 11개, 한국어학과를 개설한 대학이 6개이며 4년제 대학이 35%를 차지하고 있다. 광동외어외무대학, 광서사범대학 등에서 석사코스를 개설하였다. 존재하는 문제점으로, 전영근·지성녀(2012)에서는 교수경험이 풍부한 교사 부족, 한국어교재와 자료 부족, 사립대와 전문대 학교 측의 중시 부족, 학술단체와 한국재단의 지원 부족 등을 지적하고 있다.

(11) 서남지역(사천·중경·운남)

사천·중경·운남지역의 경우, 한국어학과를 개설한 대학이 9개로, 그중 응용한국어학과를 개설한 대학이 3개, 한국어학과를 개설한 대학이 6개, 4년제 대학이 67%를 차지하고 있으며 사천외국어대학에서 석사코스를 개설하였다. 존재하는 문제점으로 송교(2012)에서는 학과운영 경험 부족, 전공교재의 연계성 부족, 졸업 후 전공 관련 취업의 어려움, 대학원생 지도 등을 꼽고 있다.

⑤ 한국어학과 발전 현황 분석

중·한 수교 이래 27년간에 걸쳐 260여 개의 대학에서 한국어학과를 개설하였는데 이는 중·한 수교 후 매년 평균 약 10여개의 대학에서 한국어학과를 증설한 셈이다. 현재에 이르러서는 이미 석사코스를 개설한 대학이 34개, 박사코스를 개설한 대학이 10여개 정도로 괄목할만한 성과를 거두었다고 할 수 있다. 그중에서도 일부 대학들에서는 한국어교육연구 활성화로 한국학의 명문으로 자리매김을 하였다.

2016년 2월 23일, 중국과학평가연구센터(中国科学评价研究中心, RCCSE), 그리고 무한대학교 중국교육질평가센터(武汉大学中国教育质量评价中心)에서는 중국과교평가사이트(中国科教评价网)와 공동으로 『2016년 중국대학 및 학과전공 평가보고 (2016年中国大学及学科专业评价报告)』를 발표한 바 있는데 이 보고서에 의하면 "2016-2017년 중국내의 한국어학과 학부교육 탑 20" 순위는 다음과 같다.

표2-6 2016년 중국대학 한국어학과 학부교육 순위 통계표[①]

순위	대학명	레벨	학교 수
1	연변대학	5 ★	96
2	산동대학	5 ★	96
3	상해외국어대학	5 ★	96
4	길림대학	5 ★	96
5	대련외국어대학	5 ★	96
6	대외경제무역대학	4 ★	96
7	광동외어외무대학	4 ★	96
8	천진외국어대학	4 ★	96
9	북경외국어대학	4 ★	96
10	복단대학	4 ★	96
11	북경대학	4 ★	96

[①] 중국과교평가사이트.http://www.nseac.com/eva/CUSE.php?DDLThird＝朝鲜语&DDLyear=2016#

(속 표)

순위	대학명	레벨	학교 수
12	흑룡강대학	4 ★	96
13	호남사범대학	4 ★	96
14	요동학원	4 ★	96
15	북경제2외국어대학	4 ★	96
16	남경사범대학	4 ★	96
17	북경언어대학	4 ★	96
18	중앙민족대학	4 ★	96
19	항주사범대학	4 ★	96
20	청도대학	3 ★	96

위 표2-6에 의하면, 연변대학, 산동대학, 상해외국어대학, 길림대학, 대련외국어대학 순으로 탑 5위에 들어갔고 북경대학, 북경외국어대학, 중앙민족대학, 복단대학이 의외로 순위가 떨어져있음을 알 수 있다.

그리고 2017년 1월 12일, 중국과학평가연구센터, 무한대학교 중국교육질평가센터가 중국과교평가사이트와 공동으로 발표한『중국대학 및 학과전공 평가보고(2017~2018)(中国大学及学科专业评价报告(2017~2018)』에 의하면 "2017~2018 중국내의 한국어학과 학부교육 탑 20" 순위는 다음과 같다.

표2-7 2017~2018년 중국대학 한국어학과 학부교육 순위통계표[①]

순위	대학명	레벨	학교 수
1	길림대학	5 ★	94
2	산동대학	5 ★	94
3	대련외국어대학	5 ★	94
4	상해외국어대학	5 ★	94
5	연변대학	5 ★	94
6	천진외국어대학	4 ★	94
7	광동외어외무대학	4 ★	94
8	대외경제무역대학	4 ★	94

---

① 중국과교평가사이트. http://www.nseac.com/html/261/678746.html

(속 표)

순위	대학명	레벨	학교 수
9	북경대학	4 ★	94
10	북경외국어대학	4 ★	94
11	흑룡강대학	4 ★	94
12	북경제2외국어대학	4 ★	94
13	복단대학	4 ★	94
14	남경사범대학	4 ★	94
15	북경언어대학	4 ★	94
16	호남사범대학	4 ★	94
17	청도대학	4 ★	94
18	중앙민족대학	4 ★	94
19	항주사범대학	4 ★	94
20	요동학원	3 ★	94

위 표2-7을 보면 2017년에는 길림대학, 산동대학, 대련외국어대학, 상해외국어대학, 연변대학 순으로 탑 5위에 진입하였는데, 2016년에 비해 그 순위가 많이 바뀌었음을 알 수 있다.

위 표2-6과 표2-7을 비교·분석해 볼 때 아래와 같은 면에 주의를 돌릴 필요가 있다.

첫째, 2016년에 탑 5위에 진입했던 대학이 2017년에도 탑 5위를 유지하고 있다.

둘째, 2016년에 탑 20위에 진입했던 대학이 2017년에도 탑 20위를 유지하고 있다.

셋째, 탑 5위와 탑 20위를 포함하여 그 순위 변동이 비교적 크다.

넷째, 위 순위는 학부교육을 중심으로 하는 순위이기에 각 대학의 한국어교육 전반을 평가하기에는 한계가 있다.

다섯째, 동일한 학부교육 평가 순위라고 할지라도 교수진 구성, 교수 연구성과, 교육시설, 학생모집, 학업 만족도, 학과운영 규범화, 산학협력, 전공실습과 취업, 사회영향력 등에서 어떤 부분을 평가범위에 포함시키는가, 어떤 부분에 더 큰 비중을 싣는가에 따라서 그 순위가 바뀔 수 있다.

참고로 일부 대학은 비록 탑 20위에 들어갔지만 전국적으로 널리 알려져 있지 않으며, 반대로 어떤 대학은 비록 탑 20위에 들어가지 못했지만 일정한 사회영향력을 갖고 있다. 하지만 위의 두 표를 통해 중국대학의 한국어학과의 발전흐름을 대체적으로 가늠할 수 있다고 본다.

그동안 학계에서는 한국어학과의 대폭 증설에 대한 우려의 목소리가 끊이지 않았다. 그 이유에 대해서 여러 가지로 생각해 볼 수 있겠지만, 제일 중요한 원인은 전문 인재 양성에 있어서 필수 요건인 교수진 문제이다. 중국 교육부 외국어 교육지도위원회에서 제정한 <高等學校本科外語非通用語種類專業規範(4년제 대학교 외국어 비통용어계열 전공 규범, 이하'전공 규범'이라 약칭함)>에는 교수 대 학생의 비율이 1 : 15를 넘어서는 안 된다[1]고 명시되어 있지만, 전영근(2010)에 의하면 지역별 한국어학과 교수와 학생의 비율이 북경-동북지역은 1 : 38, 연해지역은 1 : 40, 화남(광동, 광서)지역은 1 : 27 에 달하며 일부 대학의 경우 1 : 69에 달하는 학과도 존재했었다. '전공규범'의 요구에 못 미치고 있는 것이다. 물론 8년이 지난 현시점에서 바라볼 때, 각 대학의 교수진 구성이 2010년에 비해 많이 좋아졌겠지만, 학생 대 교수의 비율이 불합리하면 교수가 감당해야 할 주당수업시간 과다 혹은 한 개 학급의 학생 수 과다 등 현상이 발생하기 마련이며 이는 또한 직접적으로 수업의 질 저하, 학술연구 참여도 부족 등의 문제로 이어지게 된다.

이러한 이유 외에도 한국어학과 교수의 자질문제, 학과주임교수의 학과 운영능력문제, 교과과정문제, 전공도서자원문제, 학생 모집문제, 취업률문제 등이 학계에서 한국어학과의 양적 확장에 대해 우려하는 주원인이라고 할 수 있다. 특히 전문대 응용한국어학과의 경우, 2011년 졸업생 실업률이 18.6%로, 실업률이 제일 높은 학과 중의 하나로 뽑힌 바 있다.[2] 이러한 점들을 감안하면, 인재양성의 질을 보장하기 위하여 한국어학과의 규모를 적당한 범위로 제한해야 함은 자명한 일이다.

중국대학의 한국어학과의 수량이 기하급수적으로 발전하면서 여러 가지 문제점을 안고 있는 것은 사실이지만, 필자의 소견으로는 소극적인 문제해결 의식에서 벗어나 긍정적인 시야로 접근을 시도해보는 것도 필요한 부분이라고 생각한다. 사실 현시점에서 돌이켜볼 때, 그때 당시 적지 않은 '문제의 한국어학과'들이 몇 년간의 발전을 거쳐 지금에 이르러서는 어느 정도 자리를 잡았고, 더욱이는 많은 대학들에서 인재양성의 질을 보장하기 위해 적극적인 노력을 해온 결과, 단계적 성과를 거두었다고 할 수 있다. 그 예로 아래와 같은 몇 가지를 꼽을 수 있다.

---

[1] 광동성에서는 지난 시기 일무 사립대학의 경우, 교수 대 학생의 비율을 1 : 19까지 허용한 적도 있다.

[2] 麦可思数据有限公司, "2012年中国大学生就业报告", http://finance.sina.com.cn/roll20120611/ 102112277418.shtml

(1) 재학생 규모

2013년 7월 기준, '全国各地区高考报名信息查询网(전국 각 지역 대학입시 지원정보 검색 사이트)'의 관련 자료에 따르면, 중국대륙의 4개 직할시, 5개 자치구, 22개성 총 31개 지역에 대학입시생 수는 2010년에는 951.13만 명, 2011년에는 918.63만 명, 2012년에는 902.45만 명, 2013년에는 881.8619만 명[①]으로 줄곧 하락세를 보이고 있다. 하지만 한국어학과의 학생 수는 고속 성장을 해왔다. "재학생 수만 하여도 2002년의 2,357명"(김병운, 2006)에서 2009년도 상반년 기준으로 "국립대,사립대, 국립전문대, 사립전문대를 포함하여 36,890 명"(허련화, 2010)으로 늘어났으며, 한국어학과를 설치한 대학도 2010년의 180여개에서 2019년의 264개로 늘어났다. 비록 2019년 기준의 정확한 재학생 통계수치는 없지만 개설되어 있는 한국어학과의 양, 그리고 2017년 12월 기준으로 4년제 대학의 졸업생 규모가 4,500-5,000명[②], 전문대의 졸업생 규모가 4,000-4,500명[③] 등으로 보아서 재학생 규모가 너무 크게 줄지는 않았을 것으로 추정된다. 한국어학과가 그만큼 사회적으로 인정을 받고, 학생들도 어느 정도 선호한다는 것을 의미한다.

2017년 6월 기준으로 복단대학, 상해외국어대학, 호남사범대학, 광서사범대학, 광동외어외무대학, 하북대학, 산동공상대학, 길림대학 주해캠퍼스, 광동외어외무대학 남국상학원, 백운대학 등 10개의 4년제 대학과 심천직업기술대학, 해남외국어직업대학 등 2개의 전문대의 2013-2016년도의 재학생 상황을 조사한 결과에 의하면 총체적으로 증가세를 보이고 있다. 참고로, 위 10개의 4년제 대학의 경우, '985' 핵심중점대학, 일반중점대학, 일반대학이 포함되어 있는가 하면, 국공립대학과 민간 사립대학, 외국어대학과 종합대학, 대도시에 위치한 대학과 지방에 위치한 대학, 한류의 영향을 많이 받는 지역에 위치한 대학과 그렇지 않은 대학이 포함되어 있으며, 2개 전문대의 경우, 전국적으로 제일 유명한 대학과 일반대학이 포함되어 있으므로 비교적 대표적이라 할 수 있으며 이를 통해 중국대륙의 한국어학과의 대체적인 흐름을 가늠할 수 있다.

(2) 정원 충원율

2017년 6월 기준으로, 상기 10개의 4년제 대학과 2개의 전문대를 대상으로

[①] http://gaokao.eol.cn/gkbm_6147/에서는 위의 통계수치를 발표하면서 "각 방면의 여러 가지 상황 조절과 변화로, 본 통계수치는 참고일 뿐, 권위부서에서 정식으로 발표한 통계수치를 준거로 삼을 것" 을 언급한 바 있다.

[②] http://gaokao.chsi.com.cn/zyk/zybk/specialityDetail.action?specialityId=73383515 (2019.1.3)

[③] https://gaokao.chsi.com.cn/zyk/zybk/specialityDetail.action?specialityId=73388221(2019.1.3)

정원 충원율을 조사한 결과에 의하면, 대부분 대학의 한국어학과에서 정원수를 확보하고 있다. 물론 전국적으로 볼 때 지역에 따라 그리고 학과의 유형(4년제 한국어학과 혹은 전문대 응용한국어학과)과 모집 정원수에 따라, 특히 한국의 "사드 배치" 등의 원인으로 2017년 가을학기부터 일부 대학의 한국어학과의 경우 정원이 미달인 대학, 폐과 위기에 직면한 대학 등도 나타났지만 앞으로 다소 '원기'를 회복하여 학생모집 상황이 차츰 좋아질 것으로 추정된다.

(3) 제1지망 지원율

김병운(2006)에 의하면, "대외경제무역대학교, 북경외국어대학교, 청도대학교 한국어학과 1학년을 상대로 한 설문조사에서 대학교 입시 때 한국어학과를 제1지망으로 선택한 학생 수가 전체 학생 수의 45.8%를 차지했다"고 한다. 필자가 위 범주강삼각주지역의 8개 대학 중 중산대학을 제외한 7개 대학 한국어학과의 2013년 9월 학기 신입생 345명을 상대로 조사한 결과에 의하면, 제1지망 지원율이 평균 74%에 달하였으며 일부 대학은 100%에 달하였다.[1] 제1지망 지원율이 2006년도에 비해 평균 약 28% 증가한 것이다. 하지만 필자가 2018년 가을 학기 화남지역 한국어학과의 신입생을 상대로 조사한 결과에 의하면 제1지망 지원율이 30% 미만으로 하락된 대학도 존재한다. 물론 특정 지역에 국한된 대학의 통계수치이기 때문에 중국 전 지역 한국어 관련 모든 학과의 제1지망 지원 상황을 절대적으로 설명할 수는 없겠지만 어느 정도 참고 가능하다고 본다.

(4) 취업률

新浪教育頻道에 발표된 麥可思(My China Occupational Skills)의 통계에 의하면, 2010년 4년제 대학 한국어학과 졸업생의 취업률은 91.4%로 45[2]위를 차지했으며, 비록 2009년 취업률 93%, 22[3]위에 비해 그 순위가 떨어지기는 했지만 그래도 '전공별 취업률 톱 50'에 속한다.

2017년 6월을 기준으로 상기 10개의 4년제 대학과 2개의 전문대 한국어학과를 상대로 조사한 결과에 의하면 대부분 취업률이 100%에 달한다. 전국적인 취업률 통계수치를 보면, 2017년 기준으로 전문대와 4년제 대학 모두

---

[1] 중산대학의 경우, 제1지망 지원율이 집계되지 않아 본 통계에서 제외하였음.

[2] 麦可思数据有限公司, "2010年度大学就业能力排行榜", http://edu.sina.com.cn/j/2010-06-01/1048188869.shtml

[3] 麦可思数据有限公司, "2010年度大学就业能力排行榜", http://edu.sina.com.cn/j/2009-06-04/ 2220172420.shtml

90%-95%를 유지하고 있다.[①] 전문대의 경우, 2011년에 비해 취업률이 선명한 상승세를 보이고 있는데 이는 인재양성의 질의 제고, 산학협력의 활성화, 지역경제의 고속 성장으로 인한 취업기회 다양화, 그리고 졸업생들이 본인 전공과 직접적 관련이 없는 직장에도 관심을 보이는 등과 밀접한 관련이 있을 것으로 보인다.

특별히 주목해야 할 것은 최근 들어 적지 않은 대학들에서 학생들의 취업률을 보장하기 위해 온갖 노력을 기울이고 있다는 점이다. 구체적으로 살펴보면 다음과 같다.

첫째, 산학협력 활성화.

적지 않은 대학들에서 현지 산업체와 산학협력을 활발하게 진행하고 있으며, 상호 공생관계, 동반자관계를 지속적으로 유지하고 있다.

둘째, 학과의 모든 학생들로 하여금 산업체에서 6개월-1년간의 전공실습을 진행하도록 요구하고 있으며 실습기간 실습생들에게 실습급여가 아닌 정규 월급을 최대한 보장하도록 노력하고 있다.

셋째, 졸업생들의 취업은 학과장 한사람의 임무가 아니라 전공교수 모든 이들의 교수임용조건으로 부각시킨다.

넷째, 그럼에도 불구하고, 비록 무보수이지만 전공교수 중에서 취업담당 교수를 별도로 지정하여 정규 수업 외에 졸업생들의 취업 및 진로상담을 담당하도록 한다.

다섯째, 졸업생들과 밀접한 유대관계를 적극 권장하고 있으며, 졸업생들을 통해 후배들의 취업을 돕도록 한다.

여섯째, 산업체의 취업특강을 정기적으로 진행하고 있다.

이러한 노력들은 취업률 보장은 물론, 학과발전의 원동력으로 작용을 하고 있다.

위에서 언급했듯이, 한국어학과의 재학생 규모, 정원 충원율, 제1지망 지원율, 그리고 취업률 등이야말로 한국어학과의 발전 현황 혹은 '건강상황' 을 파악하는 데 있어서 핵심적인 요소라고 할 수 있다. 단, 필자가 제시한 통계수치들이 4년제 대학에 치우치고 있으므로 전문대 응용한국어학과의 현황 파악에는 한계가 있음을 밝혀둔다.

[①] http://gaokao.chsi.com.cn/zyk/zybk/specialityDetail.action?specialityId=73383515 (2019.1.3.)
 https://gaokao.chsi.com.cn/zyk/zybk/specialityDetail.action?specialityId=73388221(2019.1.3)

⑥ 한국어학과의 발전 방안 및 전망

(1) 문제 의식

중·한 수교 27주년을 맞는 이 시점에서 돌이켜 볼 때 중국대학의 한국어교육은 지난 20여 년 간 양과 질 면에서 모두 급속히 발전해 왔다고 할 수 있다. 학계의 일각에서는 중국대학 한국어학과의 양적 팽창에 대해 우려를 표시하면서 그 규모를 대폭 줄여야 한다고 주장하고 있지만, 아래와 같은 문제점으로 인해 규모를 줄이는 것만이 능사가 아니라고 본다.

첫째, 매 대학마다 학과 신설 시, 나름대로 본교 학술위원회의 심의와 논증을 거치며, 교육청 혹은 교육부의 인가를 받아 진행하므로 어느 협회나, 학회, 혹은 학술계의 영향을 전혀 받지 않는다. 특히 요즘은 정부에서 학과 설립 자주권을 전적으로 대학에 맡기는 추세이다.

둘째, 전문대 응용한국어학과의 정원을 대폭 줄인다고 해서 4년제 대학 한국어학과의 정원이 늘어나는 것은 아니며, 사립대학 한국어학과의 정원을 줄인다고 해서 국공립대의 정원이 늘어나는 것도 아니다.

셋째, 국공립대학의 학생모집 정원은 국가나 지방정부의 엄격한 통제를 받고 있으며, 한국어와 같은 '소어종(小语种)'의 경우, 학생모집 정원이 극히 제한되어 있다. 다시 말하면, 국공립대의 현재 학생정원 규모로는 중국 현지의 한국어 관련 인재 수요를 만족시키기에는 턱없이 부족하며, 그렇다고 해서 학과나 학교 자체로 정원을 늘릴 수 있는 것도 아니다.

그리고 학계의 일각에서는 중국 동북지역, 그리고 연해지역에 이미 한국어학과가 대량으로 개설되어 포화 상태에 있는데, 굳이 한류 열풍의 영향이 크지 않은 범주강삼각주지역에 한국어학과를 개설할 필요가 있는가 주장하는 이도 있지만 아래와 같은 원인으로 인해 이 지역의 한국어학과 개설을 제한하는 것만이 해결책은 아니라고 본다.

첫째, 범주강삼각주지역은 방언이 심한 곳으로 북방방언, 연해지역 방언과 현저한 차이를 보이고 있다. 운남성, 사천성 등 지역은 비록 북방방언을 사용한다지만 동북지역에서 사용하는 북방방언과는 음색(音色), 억양 등 면에서 많은 차이를 보이고 있다. 현지 방언을 제대로 구사하지 못한다면 현지인들과의 의사소통에 한계가 있을 수밖에 없기에 현지 방언이 가능한 한국어 구사자가 필요하다.

둘째, 조사에 의하면, 북방지역 혹은 연해지역에서 줄곧 생활해 온 한국어학과 졸업생들은 본인들의 가정상황, 생활습관, 지역문화, 기후 등의 차이로 인해 졸업생 모두가 범주강삼각주지역에서의 취업을 선호하는 것은 아니다.

셋째, 범주강삼각주지역, 특히 광동성 지역의 학부모나 학생들은 지역문화 특성상 대부분 현지에서 대학을 다니기를 원한다.

넷째, 중국 대륙에는 약 200만 정도의 교포가 생활하고 있지만, 요즘 젊은 세대들은 어느 한 지역의 모 회사에서 장기간 근무하려 하지 않는다. 그만큼 일자리도 많다는 것이다. 따라서 한국인 기업체의 측면에서 보면 교포들은 직장 유동성이 심하고 안정성이 상대적으로 떨어지는 등 단점을 갖고 있다.

마지막으로, 가장 중요한 것은 현지에 한국 기업체가 대량 진출해 있고, 이들 회사는 현지 마케팅, 현지인 고객 서비스, 현지 정부 혹은 주민들과의 원활한 의사소통 등의 이유로 현지 생활경험이 있는 한국어에 능한 현지인을 우선 채용하려 한다. 그리하여 범주강삼각주지역은 자체적으로 한국어 구사가 가능한 인재를 공급할 필요성을 갖게 되었다. 이러한 점들을 감안할 때, 현재 중국대학의 한국어학과에 존재하는 허다한 문제점을 해결하기 위해서는 한국 어학과 개설을 제한만 할 것이 아니라 충분한 시간을 가지고 문제를 해결하는 것이며, 열린 마인드로 지역특성에 맞는, 학과의 유형(연구형 혹은 실용형, 4 년제 혹은 전문대, 국공립대 혹은 사립대)에 따른 차별화된 접근이 필요하며 그리고 학계의 공동의 적극적인 노력이 필요하다고 본다.

(2) 발전 방안

(2)-1 지역특성화

현재 중국 대학의 한국어교육은 지역특성화가 필요한 시점에 놓여 있다고 할 수 있다. 강보유(2017)[1]에서는 "중국 내 한국어학과 개설 대학은 그 분포 지역 이 광활하여 지역 특성이 강하다… '일대일로'와 밀접한 지역인 서북지역, 서 남지역, 화중지역, 주강삼각주지역의 한국어학과들에서는 '일대일로' 발전 전 략의 정책적 혜택을 누리고 경제적 지원을 충분히 받을 수 있으며 해당 지역의 교육환경과 교육자원이 밑받침이 될 수 있다."고 지적한 바 있다.

최근 들어 한국 교육부와 한국학중앙연구원(한국학진흥사업단)의 해외한국 학 씨앗형 사업에 선정된 중국 대학의 프로젝트들을 살펴보면 길림대 주해캠 퍼스의 '중국 화남지역 한국학 교육연구 특성화 및 플랫폼 구축' 사업, 화중사 범대학의 '중국 화중지역 한국학 핵심기지 구축 사업', 하북대학의 '중국 중서부 지역 한국학 교육 및 연구 플랫폼 구축', 위팡대학의 '한국학연구소 설립과 지 역특화형 한국학 교육·연구 환경 구축 및 조선사신의 중국 문화공간 연구' 등,

---

[1] 강보유, 「한국어교육의 다양화와 지역 특성화」, 범주강삼각주지역 한국어교육 국제학술회의 논문집 『한국어교육 연구 특성화 및 발전방향』, 중국한국(조선)어교육연구학회·길림대학 주해캠퍼스 한국학연구소, 2017, 17~27쪽.

지역특성화 사업이 각광을 받고 있음을 가늠할 수 있다.

한국 정부에서는 지금까지 주로 한국학자료 지원, 원어민 교수파견, 현지 교수 초청연수 등 형식으로 한국어학과를 지원해 왔고, 일부 대학에 대해 중점적으로 재정지원을 해 왔지만, 많은 대학들에서는 아직 한국 정부의 지원을 받지 못했거나 아주 제한된 범위 내에서 지원을 받고 있는 상황이다. 하여 적지 않은 학과들에서는 나름대로의 지역특성화, 또는 학과발전 자구책을 강구하는 등 노력을 보이고 있다. 구체적으로 살펴보면 다음과 같다.

첫째, 주변 명문대학 한국어학과의 유명 재직교수 혹은 정년 퇴임교수를 적극 채용하며, 겸임교수, 고문교수, 지어는 석좌교수로 초빙하여 교수인력 강화

둘째, 지역학회를 구성하는 등, 지역 교육자원 공유 활성화

셋째, 지역정부의 교육특성화 관련 프로젝트 적극 신청

넷째, 지역 산업체와의 교류 활성화

다섯째, 지역의 인재 수요 상을 토대로 특화된 커리큘럼 개선 보완

여섯째, 소속대학의 핵심 인맥자원 개선과 활용

일곱째, 프로젝트 수행 등을 통해 연구기금 혹은 학과발전기금을 조성하여 학과발전에 필요한 경비 마련

이러한 하나하나의 노력들이 그 대학의 특성화를 구성하고 있으며 한국어학과의 발전 동력으로 작용을 하고 있는 것이다.

한국어교육의 더욱 큰 발전을 위해서는 지역특성에 맞는, 학과의 유형(연구형 혹은 실용형, 4년제 혹은 전문대, 국공립대 혹은 사립대)에 따른 차별화 교육, 맞춤형 교육이 필요하다. 학과들마다 각자의 지역 우세를 발휘하여 특유의 발전모델을 강구해 낸다면 더욱 양호한 발전태세를 갖추게 될 것이다. 예를 들어, 취업을 주목적으로 하는 지역에서는 2+1+1의 모델을 취하여 2년은 전공기초, 1년은 전공지식, 마지막 1년은 산업체 실습을 실시하여 전공실천 혹은 사회 적응 능력이 강한 인재 양성에 초점을 맞출 수 있다. 반면 대학원 진학을 주목적으로 하는 지역에서는 졸업생의 사회 적응 능력 양성보다 대학원 연계 교육 쪽에 비중을 더 실어 교과과정을 편성해야 할 것이다. 그리고 지역사회마다 수요하는 인재 상이 다소 다르기 때문에 그 지역사회가 수요하는 인재 양성에 초점을 맞추어야 한다. 예를 들어, 방언이 심한 지역에서는 '현지 방언+한국어', 관광산업이 발달한 지역에서는 '가이드+한국어', 각종 회의, 행사가 많은 지역에서는 '이벤트+한국어', 한국 유학이 활성화된 지역에서는 '3+1', 혹은 '2+2', 모델 등의 식으로 특화된 프로그램을 실시할 필요가 있다.

(2)-2 '포괄적인 우리 의식' 강화

오늘날의 한국어교육은 어느 한 개 대학, 혹은 어느 한 개 학과, 혹은 어느 한 교수의 노력만으로 실현 가능한 일이 아니다. 다시 말해서 '진공상태'에서의 고립적인 발전은 불가능한 것이다. '우리'만의 한국어학과, 혹은 '우리'만의 한국어교육이라는 협애한 울타리에서 벗어나 '포괄적인 우리 의식'을 강화해야 할 시점이다. 구체적으로 아래와 같은 몇 가지를 들 수 있다.

첫째, 거시적인 안목이 필요하다. 한국어교육의 차원 높은 발전을 위하여서는 중국 중앙정부와 지방정부의 교육정책, 전국적인 교육형세 및 교육구도, 지역의 교육 관련 자원, 앞으로의 발전 흐름 등에 민감해야 할 뿐만 아니라 교육 관련 수치를 수시로 통계하는 등 민첩한 대응과 적극적인 움직임이 우선 필요하다.

둘째, 융합 정신이 필요하다. 현재 중국 정부에서는 단일한 전공이 아닌 타 전공과의 융합발전을 적극 유도하고 있다. 한국어학과의 경우, 중국어, 영어, 일본어 등 언어 관련 전공과의 융합은 물론, 교육학, 통계학, 컴퓨터공학, 더 나아가서는 경제학, 금융학, 관광학 등 타계열의 전공분야와도 공동연구, 융합발전을 꾀할 수 있다.

셋째, 협동 정신이 필요하다. 각 대학 한국어학과 간의 관계는 단순한 경쟁관계가 아니며 공생관계라 함이 더욱 합당할 것이다. 때문에 '우리'만의 한국어학과 혹은 한국어교육을 고집할 것이 아니라 큰 틀 안에서 각 대학의 한국어학과와 손잡고 공동으로 발전하려는 '협동 정신'이 필요하며 한국어교육 관련 정보 교환과 공유, 공동 학술회의 개최, 공동연수 혹은 공동 연구프로젝트 수행 등 '공동체 의식'을 갖고 함께 노력 발전하려는 열린 마음가짐이 필요하다.

길림대학 주해캠퍼스의 경우 해마다 약 30개 대학의 한국어학과 교수, 연구인원을 초청하여 한국학 국제학술회의를 개최하고 있으며, 한국어교육에 있어서 제일 핵심적인 요소라 할 수 있는 전공 커리큘럼을 약 30개 대학과 공유를 하고 있다. 그리고 한국어강독, 한국어회화, 한국어듣기, 한중통번역, 한중언어문화론, 한국문화특강, 한국문학사 등 7개 교과목의 무크를 제작하고 있는데, 앞으로 이를 주변 대학들에 무료로 개방할 예정이라고 한다. 그리고 해외 한국학 씨앗형 사업인 "중국 화남지역 한국학 교육연구 활성화 및 플랫폼 구축"이라는 프로젝트를 수행하고 있는데 현재 길림대학 주해캠퍼스를 주축으로, 광동외어외무대학, 기남대학, 화남사범대학의 교수 그리고 연구인원이 공동 참여를 하고 있다.

이러한 노력을 통해, 교수진 공유, 연구 인력 공유, 연구 경비 공유, 연구결과물 공유 등을 시도하고 있으며 긍정적인 반응을 보이고 있다.

넷째, 혁신 정신이 필요하다. 현재 중국 대륙에서 제일 뜨겁게 떠오르는 단어가 바로 '혁신 정신'이다. 한국어교육의 발전에 있어서, 학과 교수진의 구성, 중국인 교수와 한국인 교수의 역할 분담, 교과과정 수정과 보완, 국제교류, 산학협력 및 대외홍보, 교수방법 효율화 등 모두가 혁신정신이 필요한 부분이다.

(2)-3 학과 운영 능력 강화

중국 대학의 한국어교육에 대하여 좀 더 깊이 있는 연구를 했거나 중국 대학에서의 생활, 교수 경험이 있다면 한국어학과 운영·경영 능력의 중요성, 즉 학과주임교수의 중요성을 깨닫게 된다. 왜냐하면 의사결정권의 대부분이 학과주임교수에게 달려 있으며 학과주임교수의 현지 언어 구사능력과 의사소통능력, 그리고 현지 문화에 대한 이해력과 포용력이 행정업무 처리 능력에 직접적인 영향을 미치기 때문이다.

중국 대학의 한국어학과 운영상황을 살펴보면 일반적으로 학과주임교수의 교내 행정업무 처리 능력이 어느 정도 뛰어난가에 따라서 학과 초빙교수의 수와 전공 모집정원 등이 결정된다. 행정업무 처리 능력이 강한 주임교수라면 학과발전의 차원에서 우수한 교원 확보를 위한 노력, 그리고 교수진이 감당 가능한 전공정원을 유지하기 위한 노력을 기울일 것이며, 이에 얼마나 좋은 결과를 거두느냐에 따라서 합리적인 교수와 학생의 비율이 확정된다.

한 가지 예로, 한국어교육을 실시하자면 시청각교실, 동시통역실험실 등은 필수적인 것인데, 시청각 교실 하나에 인민폐 30만 위엔, 동시통역실험실 하나에 인민폐 65만 위엔 정도가 필요하다. 이러한 막대한 자금 투입 규모 및 시간 등도 역시 학과주임교수의 재량과 행정업무처리능력과 밀접한 관련이 있다고 할 수 있다.

학과주임교수가 중국어에 능통하지 못하면서도 교수진 구성에 있어서 한국인 교수 혹은 조선족 교수만 고집한다면 그 학과는 바로 아주 현실적인 문제에 직면하게 된다. 예를 들어, 본교의 횡적인 혹은 종적인 업무관계 처리문제, 학과발전 경비 조성문제, 학교급(校級), 시급(市級) 혹은 성급(省級) 연구프로젝트 신청서 작성문제, 학술연구 자금 조성문제, 학과 홍보문제, 학과 홈페이지 운영문제 등 자체 교수진의 힘으로는 해결하기 어려운 허다한 문제에 직면하게 된다.

한 가지 예로, 산동성 모 대학의 경우 원래 재학생의 규모가 1,000여 명이었음에도 불구하고 학과 부실 운영 등의 원인으로 폐과가 된 사례가 존재하는가 하면, 광동성 모 대학의 경우 처음에는 학생 모집조차 어려웠지만 학과주임교수의 뛰어난 운영능력으로 교내 중점학과, 광동성 특성화학과로 발전한

사례도 존재한다.

　물론 위에서 제기한 문제들이 학과주임교수의 행정업무 처리 능력이 뛰어나다고 해서 모두 해결 가능한 것은 아니다. 하지만 학과주임교수의 행정업무 처리 능력이 떨어지거나 거기에 문제 해결을 위한 노력마저 부족하다면 그 수많은 문제들은 결코 쉽게 풀리지 않을 것이다.

　따라서 중국 현지에서 한국어교육을 실시하는 만큼 한국어학과의 의사결정권을 갖고 있는 주임교수라면 중국어와 중국문화에 능통해야 할 것이며, 그렇지 못할 경우 본교 내에서 '상대적 고립 상태'에 처하기 쉬우며, 한국어교육 또한 진행이 어려워지게 된다.

(2)-4 우수 교수인력 확보
　첫째, 우수 교수진 확보와 교수 지원
　한국어교육 발전에 있어서 가장 중요한 것이 바로 우수한 교수진의 확보라고 생각한다. 특히 석·박사 학위자의 비율을 늘리고 고위직함의 교수 비율을 점차적으로 높여가야 한다. 중국인, 한국인 강사를 막론하고 한국어와 한국어교육 분야에서 좀 더 전문적이고 체계적인 교육을 받은, 교수 경험이 풍부한 교수를 채용하여 학생들에게 양질의 교수가 이루어지도록 해야 한다.또한 교육의 질을 높이기 위해 중국인 교수에게 변화하고 있는 한국 내의 한국어교수법을 연수하고 새로운 한국어환경과 문화를 접할 수 있도록 방학기간 등을 이용하여 한국 내의 연수프로그램에 참가시키는 등 다양한 자기개발 기회를 제공해 주는 것도 필요한 부분이라고 생각한다.

　둘째, 원어민 교수 적극 채용
　한국어학과의 전반적 발전에 있어서 간과할 수 없는 부분이 한국인 원어민 교수라고 생각하며 원어민 교수가 가지고 있는 장점을 적극 활용할 수 있어야 한다. 범주강삼각주지역을 예로 보면, 2014년 4월 기준으로 운남사범대학 상학원 한국어학과의 경우 한국어 원어민 교수의 비율이 57%에 달하고, 길림대학 주해캠퍼스 65%, 호남이공학원 43%, 중산대학 40%로, 한국인 교수를 적극 채용하고 있는데 이는 학생들의 말하기, 듣기 실력을 높이고, 한국 문화를 자연스럽게 받아들이고 이해하는 데 큰 장점으로 작용하고 있다. 또한 중국어에 능통하고 중국 생활 경험이 풍부한 원어민 교수를 적극 채용하여 한국어 회화뿐만 아니라 강독, 듣기, 한·중통번역, 한반도 사회와 문화, 한·중교류사 등 다양한 교과목의 수업을 담당할 수 있게 하는 것도 바람직하다고 본다. 이는 한국인교수로 인한 불가피한 언어소통의 불편함과 문화차이를 최소화할 수 있는 장점을 갖고 있다. 외국인교수라는 특성상 직장 이동이 잦은 것은 불가피하지만 원어민 교수에게도 장기적인 근무 기간을 보장하고 합리적인 업무 여건과 쾌적한 생활환경을 제공하여 안정적으로 근무하면서 교수경험을 쌓고 지속적인 학술연구가 이루어질 수 있도록 해야 할 것이다.

(2)-5 대외 교류 강화

중국대학의 한국어학과들에서는 대부분 이미 한국의 여러 대학들과 자매결연을 맺고 다수의 유학생 파견 및 활발한 학술연구 활동을 펼치고 있다. 이러한 교류관계를 잘 활용하여 한국인 유학생을 적극 유치하는 것도 한국어학과의 발전에 큰 힘으로 작용하고 있다. 또한 한국의 자매결연 대학이나 학술지원단체 등과의 교류를 통해 학생들의 학습이나 학술연구에 도움이 될 수 있는 한국·한국어 관련 서적과 자료를 확보해 나가는 방안도 필요하다. 이러한 장서들은 장차 학과의 연구발전에 기본이 될 뿐만 아니라 상급 학위 과정 개설 및 운영에서 유용한 학습·연구 자료로 사용될 수 있기 때문이다. 학과의 발전을 위해 앞으로도 새로운 대학들과 교류를 추진하는 것은 물론 학술지원단체 및 기존 자매결연 대학들과 학생, 교수 등의 인적, 물적 교류를 다양하게 지속적으로 확대해 나가는 것이 필요하다.

(2)-6 산학협력 활성화

첫째, 실습기지 구축

중국의 동북지역, 북경-천진지역, 그리고 화동-화중지역, 범주강삼각주 등 지역에는 삼성, LG, 이랜드, 효성 등을 비롯한 한국의 기업들이 적지 않게 진출해 있다. 따라서 인턴쉽(internship) 제도 등을 잘 활용하여 학생들이 이러한 회사나 한국어를 필요로 하는 중국기업에 정식 채용될 수 있도록 방안을 강구해야 한다. 먼저, 채용정보를 공유하고 활용할 수 있도록 지역 내의 한국기업체 협회나 한인 상공회 등과의 지속적인 교류가 이루어져야 한다. 또한 학교 소속 교수의 기업체 출강이나 기업체 임직원의 초빙 강의, 또는 기업 설명회 등을 실시하는 것도 바람직하다고 본다. 이를 통해 한국어학과를 외부에 알릴 수 있는 동시에 학생들은 한국기업문화를 보다 잘 이해하고 한국 기업 측의 채용 조건을 미리 알고 사전에 취업을 준비할 수 있게 된다. 실습을 진행한 후에도 많은 실습생들이 정식 직원으로 채용될 수 있도록 실습 기간 동안 기업체, 학생들과 꾸준한 연락을 취하여 양자 간의 조율을 돕고 학생들을 공동 지도하는 방안도 검토해 볼 만한 사항이라고 본다. 또한 회사에서 필요로 하는 설문 조사나 마케팅 조사를 학과에서 도와 진행해 주거나, 반대로 학과에서 연구 진행 시 필요한 정보를 기업체에서 제공해 주는 등 대학과 회사가 상호 긴밀한 협력 관계를 유지해 간다면 앞으로의 한국어학과 발전에 탄탄한 디딤돌이 될 것이다.

둘째, 맞춤형 인재 양성

한국어학과에서는 단순히 한국어나 한국문학, 한국문화에 대한 지식 전수에만 만족할 것이 아니라, 본 지역의 한국 기업들이 원하는 방향의 한국어 인재 양성을 꾀해야 할 것이다. 기업체와의 지속적이고 실질적인 교류와 상호 협의를 진행하고 그 결과를 철저하게 분석, 종합하여 교과과정의 재편성, 교수진의 보완 혹은 재구성, 기업체 고위급 관계자의 고급교육인력 자원 적극 활용 등 도경을 통하여 지역 내의 기업체에서 원하는 한국어 인재상을 육성해 나갈 수 있도록 해야 한다. 기존의 한국어나 한국문학 위주의 교육에서 벗어나 전공을 조금 더 세분화하여 중·한 통번역, 관광·비즈니스 한국어, 한·영어복수전공 등의 방향으로 나누어 전문 인재를 육성하는 방안도 가능하다고 본다. 이렇게 세분화되고 전문적인 인재 양성을 통해 학생들이 별도의 수련이나 교육이 필요 없이 현장에 바로 투입될 수 있고 취업의 질도 높일 수 있다.

(2)-7 대외 홍보전략

중국대륙은 국토면적이 광범위하기에 동북지역, 북경-천진지역, 화동지역 등 한류의 영향을 상대적으로 일찍 그리고 많이 받은 지역이 존재하는가 하면, 범주강삼각주지역, 서북지역과 같은 '한류'열풍이 크지 않은 지역도 존재한다. 그리고 대부분 지역에서는 한국어에 대한 관심과 선호도가 영어나 일본어 등 타 외국어에 비해 현저히 낮은 편이다. 따라서 만약 신입생조차 제대로 확보되지 않는다면 학과의 미래는 불투명해지고 존폐의 위기에까지 이르게 된다. 사실 전국적으로 보면 신입생 모집을 꾸준히 확장해 나가는 학교가 있는 반면, 신입생이 모집되지 않아 폐과되었거나 학과가 운영이 어려운 학교도 있다. 이러한 현실 속에서 신입생 유치는 중요한 사안이 아닐 수 없다.

대부분의 입시생들은 대학에 진학하기 훨씬 전에 본인이 지원하고자 하는 학교의 홈페이지를 방문하여 학교나 학과에 대한 정보를 얻게 된다. 하지만 안타깝게도 여러 대학의 한국어학과 홈페이지를 보면 사이트 관리가 제대로 되지 않고 있는 실정으로, 방문자들의 관심을 끌 수 있는 글이 자주 업데이트 되지 않거나 사이트 방문조차 쉽지 않은 경우도 있다. 한국어학과의 대부분 교수가 교포거나 한국인이기 때문에 학과 활동 관련 글이나 홍보문을 중국어로 작성하려면 그 어려움도 만만치 않다. 그렇기 때문에 한국어뿐만 아니라 중국어에도 능한 교수를 적극 채용하여 이러한 부분을 보완해 나가야 할 것이다. 한국어학과 홈페이지를 잘 구축하여 그 내용을 충실히 하고 지역 내 대학끼리 연계되게 하여 한국어와 한국어학과 진학정보를 보다 편리하게 얻을 수 있도록 하는 것도 좋은 방안이 될 수 있다. 또한 대학진학을 앞두고 있는 고3 학생들을 초청하여 입시설명회를 개최하거나 학과별로 교수들이 홍보팀을 구성하여 지역 내 한국어학과 지원율이 높은 고등학교를 방문하여 학과의 입시요강, 장학금 지원 혜택, 해외 유학 등을 설명하고 학과를 홍보하는 방안도 검토해 볼 수 있을 것이다.

그리고 중국 내 TV, 라디오, 잡지, 인터넷 등 각종 매체 광고를 활용하여 각종 경연대회나 학술대회에 관한 내용을 지역 학생들에게도 접하게 함으로써 한국어학과를 홍보할 수 있다. 예를 들어 '한국인의 날' 행사 등을 비롯하여 한국요리경연대회, 한국가요, 댄스 경연대회 등 각종 한국문화를 접할 수 있는 행사를 개최하여 한국어학과 학생뿐만 아니라 지역 내의 고등학생들도 참가하게 하여 한국문화와 친숙해지게 하는 것도 신입생 유치에 좋은 방안이라고 생각한다.

한국어학과의 발전에 있어서 미시적 교육 연구 활동을 내실화하는 것이 자못 중요한 의의를 갖고 있는 동시에 학과의 장기적 발전에 필요한 거시적 안목, 그리고 적시적 대책이 필요하다.

3 발전 전망

앞으로의 10년을 내다볼 때, 한국어교육은 가치 재정립과 더불어 아래와 같은 몇 가지 면에 주의를 돌릴 필요가 있다고 생각한다.

첫째, 거시적인 안목으로 바라볼 때, 중국대학의 한국어교육에 있어서 고차원의 교수진 구성, 교과과정 개정과 보완, 교수방법 효율화, 합리적이고도 체계적인 전공교재 집필, 산·학·연 협력 강화, 국제교류활성화 등 면에 아직도 노력 가능한 공간이 아주 크며 무한 발전 가능성을 갖고 있다고 할 수 있다. 이 여섯 가지 면에 비약을 이룬 대학들에서는 석사코스 혹은 박사코스 신청과 개설·운영 등으로 더욱 활기찬 모습을 보일 것이다.

둘째, 변화의식이 필요하다. '985공정', '211공정' 등 중점대학뿐만 아니라 소위 '二本'에 속하는대학의 발전에 주목할 필요가 있으며, 한국언어문학 외에도 한국학 전반에 걸친 연구가 신속하게 진행될 필요가 있으며, 순수이론연구, 기초연구 외에도 실용연구, 실천연구를 병행할 필요가 있으며, 고전연구 외에도 현대연구에 착안점을 둘 필요가 있다. 그리고 한국의 자매대학과 공동으로 연구소 설립 운영, 공동으로 연구 플랫폼 구축, 공동으로 석·박사과정 운영, 공동지도교수제 실시, 특정 분야(의료 통번역 등)의 교육 연구 등도 공동 추진할 필요가 있다. 뿐만 아니라 4차 산업혁명의 폭풍이 다가오고 있는 이러한 시대의 흐름을 외면할 것이 아니라 인공지능, 빅 데이터 등 분야의 기술 혹은 연구성과와 하루 빨리 접목하려는 거시적 안목과 현실적 노력이 필요하다.

셋째, 위기의식이 필요하다. 한국어학과의 발전을 돌이켜 보면 그 토대가 처음부터 튼튼한 것은 아니었으며 오늘날에 이르러서도 일부 대학에서는 여전히 안정을 취하지 못하고 있는 실정이다. 앞에서 이미 언급했듯이 2008년의 금융위기, 2010년의 연평도 포격사건, 2015년의 메르스 사태, 2017년의 사드배치 등은 중국대륙의 한국어학과의 발전에 커다란 충격을 주었다. 적지 않은 대학에서는 현시점에 이르러서도 아직 그 충격에서 빠져나오지 못하고 있으며 일부 대학에서는 이로 인해 폐과의 위기에 직면하기도 하였다. 현재 중국 정부에서는 '1대1로'① 연선 국가의 외국어 교육 강화, '창의·창업' 교육 심화, '인터넷+'프로그램 적극 권장, '이공계 인재 중점 육성' 사업 등을 강력 추진하고 있는데 적지 않은 한국어학과들에서는 아직 이러한 시대의 흐름에 제대로 합류를 못하고 있는 실정이다. 게다가 앞으로도 중국경제의 급부상에 따른 한국학의 위기, 한국 국력의 상대적 변화에 따른 한국학의 위기, 한반도 정세에 따른 한국학의 위기 등은 지속적으로 우리의 주위를 맴돌 것이다. 특별히 강조해야 할 점은, 4차산업혁명의 거세찬 물결과 인공지능의 초고속 발전은 한국어 교육뿐만 아니라 외국어 교육 전반에 커다란 영향을 미칠 것으로 추정된다. 때문에 반드시 위기의식을 갖고 사전에 대안을 세우며 끊임없이 정진하는 모습이 필요하다.

넷째, 전체적으로 볼 때 중국 사립대학의 한국어학과가 현재로서는 국공립대와 비교할 바 안 되지만 멀지 않은 장래에는 사학명문으로 자리매김하게 될 것이며 한국의 각 대학과의 교류에서 상당한 역할을 하게 될 것으로 믿는다. 중국교육부에서는 공문서"교발[2012]10호(教發〔2012〕10號)"를 하달하여 앞으로 국가와 지방정부 차원에서 사립대학의 발전을 위해 정책적으로 대폭 지지할 것을 명시하고 있다. 이에 힘입어 현재 양호한 발전태세를 갖추고 있는 적지 않은 사립대학 한국어학과의 비약적인 발전은 기대할만 할 것이다.

다섯째, 지금까지 한국 정부나 학술기관단체에서 중국대학의 한국어교육에 대한 지원은 주로 국공립대학을 중심으로 진행되어 왔고 학술교류도 주로 국

---

① '일대일로'란 글자 그대로 '일대'와 '일로' 두 가지를 중심으로 결합해서 국가 경제를 발전시키는 것이다. '일대(一帶)'는 중국과 중앙아시아, 유럽을 연결하는 육상 실크로드 경제권 간의 경제, 문화 등에서 광범위하고 고차원의 협력을 촉진하는 것을 의미하며, '일로(一路)'는 해양 협력을 기초로 동남아에서부터 서남아를 거쳐 유럽-아프리카까지 이어지는 21세기 해양 실크로드 경제권 간의 경제, 문화 교류를 활발하게 전개하는 것을 의미한다.

공립대학에 국한되어 왔다. 이러한 연장선에서 중국의 전국적인 한국어교육 관련 학회의 움직임을 보면 기본적으로 사립대학 한국어학과의 참여가 소외되고 있다. 국공립대학의 한국어학과에서는 일반적으로 매년 20명 정도 정원을 모집하고 있는 반면, 사립대학의 한국어학과일 경우, 보통 적게는 40명, 많게는 100여 명을 모집하고 있다. 양적으로 이렇게 방대한 규모의 사립대 한국어학과가 국내외 학술교류에서 소외되고 있다는 것은 곰곰이 생각해 보아야 할 부분이라고 본다.

여섯째, 중국대학의 한국어교육이 그간 "과속" 성장으로 인해 자체적으로 많은 문제점을 안고 있는 것은 사실이지만, 현시점에서는 이러한 문제점을 단순히 꼬집기보다는 해결책을 제시해 주고 해결을 위해 공동으로 노력하려는 자세가 자못 중요하다. 다시 말하면, 중국의 국공립대와 사립대를 포함하여 한국어교육을 더 높은 단계로 끌어올리기 위해서는 정부와 학계의 공동의 노력이 꼭 필요하다고 본다.

제3절 한국학연구소 분포 현황 및 연구동향 분석

1 선행연구

중·한 수교 이후, 중국대학에서의 한국어학과 증설에 못지않게 한국학 연구도 활발히 진행되어 왔으며 적지 않은 대학에서 한국학 관련 연구소를 설립하였다. 그럼에도 불구하고 지금까지 중국대륙의 한국학 관련 연구논문은 그리 많지 않다. 연도순으로 비교적 대표적인 연구논문들을 살펴보면, 沈定昌(2001)에서는 "중국에서의 한국학연구 실황 및 전망"을, 송현호(2004)에서는 "중국에서의 한국학 연구 동향"을, 박문자(2005)에서는 "중국 대학의 한국학 연구와 그 역할에 대한 고찰"을, 이해영(2011)에서는 "한국의 해외 한국학 지원 정책과 중국의 한국학"을, 김춘선(2011)에서는 "중앙민족대학에서의 한국학 연구 현황"을, 윤해연(2011)에서는 "남경대학에서의 한국학 연구 현황"을, 전영(2011)에서는 "연변대학에서의 한국학 연구 현황"을, 우림걸(2011)에서는 "중국 산동대학에서의 한국어교육과 한국학 연구"를, 송현호(2012)에서는 "중국 지역의 한국학 현황"을, 송현호(2013)에서는 "중앙민족대학의 한국학 현황과 과제"를, 허세립·이인순(2013)에서는 중국대학의 "한국학 관련 연구기관의 분포 및 연구 동향"을, 윤여탁(2015)에서는 "한중 문화교류의 성과와 지평의 확대"를, 송현호(2018)에서는 "한중 인문교류와 한국학연구 동향"을 논의한 바 있다. 본고에서는 이러한 선행연구를 바탕으로 중국대학에서의 한국학 연구에 대하여 새로운 시야로 접근을 시도하고자 한다.

2 한국학연구소 분포 현황 분석

필자가 각 대학의 홈페이지를 방문 검색하여 통계를 낸 것에 의하면, 2016년 10월 기준으로 한국학 관련 연구소 설립 대학은 아래와 같다.

표2-8 중국내 한국학 관련 연구소 설립대학

번호	학교명	연구소명
1	북경대학	한국학연구센터
2	북경언어대학	한국어연구센터
3	북경외국어대학	한국－조선연구중심
4	중국인민대학	한국학연구소(아세아연구센터 소속)
5	중앙민족대학	조선－한국학연구센터, 한국문화연구소, 중국조선민족사학회, 중국소수민족문학연구소
6	북경제2외국어대학	한국언어문화센터
7	북경항공항천대학	俄德法日韩语研究中心
8	천진사범대학	한국문화연구센터
9	남개대학	中日韩合作研究中心
10	요녕대학	조선－한국연구센터
11	대련외국어대학	한국학연구소
12	요동학원	조선반도연구센터
13	대련대학	한국학연구원
14	대련민족학원	한국학연구센터
15	할빈원동이공학원	중한경제문화교류연구소
16	길림대학	조선－한국연구소(동북아연구원 소속)
17	동북사범대학	조선－한국학연구센터
18	연변대학	조선한국연구중심, 동북아연구원, 민족연구원, 발해문화연구소, 중조한일문학비교연구중심, 언어연구소
19	북화대학	한국연구소
20	산동대학	한국연구원, 동북아연구중심, 아태연구소
21	산동대학 위해분교	한국연구센터
22	중국해양대학	한국연구센터
23	연대대학	동아연구소 한국학센터
24	청도대학	중한센터
25	청도빈해학원	한국학연구센터, 중한통상연구소
26	복단대학	한국연구센터, 중한문화비교연구소
27	상해외국어대학	한국연구센터

(속 표)

번호	학교명	연구소명
28	화동사범대학	한국연구센터
29	남경대학	한국연구소
30	남경사범대학	중한문화연구중심
31	동남대학	아시아&태평양지역 언어정책연구센터
32	절강대학	한국연구소
33	양주대학	중한문화 및 최치원연구센터
34	절강월수외국어학원	한국문화연구소
35	중남민족대학	한국연구소(남방소수민족연구센터 소속)
36	기남대학	중외관계연구소
37	광동외어외무대학	한국연구센터
38	길림대학 주해학원	한국학연구소
39	광서사범대학	조선-한국학연구센터
40	사천외국어대학	조선-한국학연구센터

표2-8을 통해 알 수 있듯이 약 40개의 대학에서 한국학 관련 연구소를 설립, 운영하고 있다. 연구소의 명칭으로부터 볼 때, "한국어", "한국문학", "한국언어문화", "중한문화", "중한경제문화", "중한통상", "언어정책", "한국학", "한국-조선" 등 연구범위, 연구영역 등이 다양하다. 대부분 한 개 대학에서 하나의 한국학 관련 연구소를 운영하고 있으며, 연변대학, 중앙민족대학의 경우 여러 개의 관련 연구소를 운영하고 있음을 알 수 있다.

연구기관 소속을 보면, 연변대학과 같이 대학 직속의 한국학연구소는 많지 않으며, 단과대학 소속이 대부분을 이루고 있다. 그리고 상대적으로 독립적으로 설립·운영하고 있는 연구소, 교내 타 연구기관에 소속되어 있는 연구소 등으로 구분할 수 있다.

연구인력 구성으로부터 볼 때, 전문 연구인력을 배정하여 한국학을 연구하는 연구소, 한국어학과 교수들이 주요 구성원인 연구소 등으로 구분을 할 수 있다.

한국학연구소가 인터넷으로 공개되어 있지 않은 대학, 한국학연구소가 타 연구기관에 소속되어 잘 알려지지 않은 대학, 그리고 정부소속 혹은 대학 외의 기관이나 단체 소속의 한국학 관련 연구소도 포함하면 이보다 훨씬 많을 것으로 추정된다.

3 한국학연구소의 발전 및 연구동향 분석

① 거시적 측면

중국에서 한국학 연구가 활발히 진행되고 있는 대학으로는 연변대학을 비롯하여, 중앙민족대학, 남경대학, 중국해양대학, 산동대학 등 한국교육부로부터 "해외한국학 중핵대학"으로 선정된 대학들을 꼽을 수 있다. 해외한국학중핵대학육성사업은 한국 교육부에서 해외한국학 중심 대학을 발굴하여 집중적으로 지원하여 확고한 한국학의 학문적 인프라를 형성하고 해외 한국학의 거점 육성을 통하여 한국의 국가위상과 브랜드 가치를 제고하려는 사업이다. 이는 한국 교육부의 한국학 진흥사업의 핵심사업이라고 할 수 있는데, 궁극적으로 가장 영향력이 큰 저명한 학문집단의 문화교류를 통하여 한국학을 세계의 주류 학문으로 발전시키고 한국의 국제적 위상을 제고하기 위하여 세계 유수 대학을 거점 대학으로 선정하여 다채로운 한국학 교육프로그램을 지원하여 교육 역량을 극대화시키고 우수한 연구성과물을 배출할 수 있도록 지원하는 사업이다. 이 사업을 통하여 향후 한국학의 인프라를 확고하게 구축하여 세계적인 한국학 전문가와 학문 후속세대를 양성하여 중국학, 일본학 등에 비해 상대적으로 열세인 해외 한국학을 한 단계 발전시킬 수 있을 것으로 기대된다. 일부 아직 준비가 약간 부족한 경우에도 집중적이고 안정적인 투자를 통하여 장기적으로 해외 한국학의 전반적인 인프라 형성 및 영향력을 강화할 수 있도록 지원을 하고 있다. 총체적으로 볼 때 해외한국학 중핵대학으로 선정된 대학들은 한국학 연구와 교육 인프라가 잘 갖추어진 대학으로 잘 준비된 제안서를 제출한 세계 유수 대학들이다.[①]

지금까지 한국교육부의 "해외한국학 중핵사업" 지원과제를 수행하고 있는 중국내 대학을 살펴보면 아래와 같다.

표2-9 해외한국학 중핵대학육성사업 지원과제 목록[②]

번호	대학명	과제명	연구기간	연간연구비 (천원)
1	중앙민족대학	중앙민족대학	5년 (2008.12.16.~ 2013.12.15.)	100,000

---

① 송현호, 『한중 인문교류와 한국학연구 동향』, 태학사, 2018, 115~116쪽.

② http://ksps.aks.ac.kr/hpjsp/hmp/bizguide/bizsbjtlist.jsp?bizCd=OLU (2019.1.3)

(속 표)

번호	대학명	과제명	연구기간	연간연구비 (천원)
2	남경대학	남경대학	5년 (2008.12.2.~ 2013.12.1.)	100,000
3	연변대학	연변대학	5년(2009.5.8.~ 2014.5.7.)	90,000
4	중국해양대학	중국해양대학	5년 (2009.5.11.~ 2014.5.10.)	80,000
5	산동대학	중국내 한국학 STEAM 교육과정 개발을 통한 융합형 인재 양성 사업 (The Plan of Versatile Talents Training in Korean Studies by Developing STEAM Education Program in China)	1년 (2012.10.1.~ 2013.9.30.)	150,000
6	남경대학	중국 내 최고 수준의 '인문한국학' 교육연구모델 개발 및 시스템 구축 (Development of curriculum and research model of the highest level of 'Humanistic Korean Studies' in China)	5년 (2013.11.1.~ 2018.10.31.)	200,000
7	중앙민족대학	북경지역 한국학 교육 연구 강화 및 다민족 대상 한국학 교육 시스템 구축 (The strengthening of Korean studies related education & research in Beijing and the construction of educational system for multi-ethnic students	5년 (2013.11.1.~ 2018.10.31.)	127,000
8	중국해양대학	중국내 한국학 정착을 위한 선택과 집중의 한국학교육연구시스템 구축 – 이문화(異文化)간 상호 교섭과 인식의 한국학 정립 (Establishing ive and intensive Korean Studies education and research system for building foundation for Korean studies in China - Establishing Korean studies through mutual communication and recognition among different cultures)	5년(2014.9.1.~ 2019.8.31)	150,000

(속 표)

번호	대학명	과제명	연구기간	연간연구비 (천원)
9	연변대학	융복합형 전문인력 양성: 중국 내 최고 수준의 한국학 선도대학 재건 프로젝트 (Nurturing Interdisciplinary Talents: Restoration of Leading Korean Studies Program in China	5년(2015.9.1.~ 2020.8.31)	166,000
10	요녕대학	중한 전략적 동반자 협력관계 시각에서 복합형 한국학 인재 양성 모델 추진방안	5년 (2018.6.1~ 2023.5.31)	148,000

표2-9를 보면, 중국내 총 6개의 대학에서 한국교육부의 해외한국학 중핵사업 지원과제를 수행하여 왔으며 그 연구 영역이 주로 한국학 교육에 집중되어 있음을 알 수 있다.

연변대학이나 중앙민족대학 등 "해외한국학 중핵대학"들은 그 지역을 대표할 수 있을 만큼 그 연구범위를 한국의 언어, 문학, 문화, 역사, 사회, 정치, 경제 등으로 확장하고 있는 추세이다. 하지만 적지 않은 대학들의 한국학 관련 연구소들을 보면 한국어학과 교수진을 기초로 한국학 관련 연구진을 구성하고 있기 때문에 연구영역이 주로 한국어, 한국문학, 한국문화, 한국어교육 등에 착안점을 두고 있다. 연변대학의 경우, 중국의 소수민족 보호정책에 의하여 중국 국가211공정①, 중국 교육부 인문사회과학중점연구기지 등에 선정되어 중앙정부의 집중적인 지원을 받아 한국학 인프라가 잘 갖추어져 있다. 특히 교육 인프라는 해외에서 찾아보기 힘들 정도로 잘 갖추어져 한국의 대학에 손색이 없다. 전영(2011)에 의하면 연변대학은 1949년 개교이래 단과대학 19개, 연구소 41개, 재학생 26,018명, 교직원 2,921명(전임교원 1,311명)을 소유한 민족종합대학이다. 인문계열은 한국학 관련 연구자들이 많이 포진하고 있는데, 교원 588명 중 한국학 연구와 관련이 있는 교원이 248명이다. 특히 조선-한국학학원의 조선문학학과(조선족학생 대상)와 조선어학과(漢族 학생 대상), 인문사회과학학원의 사학과, 사회학과, 정치학과 등에 우수한 한국학 전공자가 많이 포진되어 있다. 이러한 인프라를 활용하여 한국의 교육부에서 시행하고 있는 한국학진흥사업의 중핵대학사업, 문화체육관광부에서 시행하고 있는 세종학당사업, 외교부에서 시행하고 있는 국제교류재단의 여러 사업,

---

① 21세기에 중국 전 대륙에서 100개 대학교를 중점대학으로 육성하기 위한 프로젝트.

동북아재단의 사업, 한국고등교육재단의 두만강포럼 등에서 괄목할 만한 성과를 내고 있다. 연변대학은 중국의 한국학 발전에 중요한 기여를 하여 왔고 중국 한국학 발전의 요람이라고 하여도 과언이 아니다. 중한 수교 후 중국 각 대학의 한국어학과 개설과 수많은 한국학 연구기관의 설립과정에서 연변대학은 주된 인력공급처가 되었고 중국의 한국학 연구와 인력양성에서 가장 중요한 역할을 하여 왔다. 이 점은 중국교육부에서 연변대학의 조선─한국연구중심을 중국인문사회과학연구의 100개 중점연구기지의 하나로 선정한 것으로도 충분히 증명이 된다. 연변대학은 한국학 인프라가 잘 갖추어진 민족 종합대학으로서 특히 정부의 지원도 많고, 교수들의 한국학 연구 수준도 높으며 학술논문을 한국의 등재지에 게재하는 양, 빈도수, 인용지수 등도 한국의 대학이나 별 차이가 없을 정도로 중국 한국학의 선두자 역할을 발휘하고 있다고 할 수 있다.

중앙민족대학의 경우, 1972년에 조선어학부를 개설, 현재 중국 국가 211공정, 985공정[①], 중국 소수민족 언어문학연구기지 등에 선정되어 한국학 교육과 연구 인프라가 다른 대학에 비할 수 없을 정도로 잘 갖추어져 있다. 현재 조선어학부와 한국어학과가 개설되어 있고 조선─한국학연구센터, 한국문화연구소 등 2개의 한국학연구소가 설립되어 있다. 조선─한국학연구센터는 1992년에 설립된 연구소로서 행정적으로는 조선어문학부에 소속되어 있지만 연구진은 중앙민족대학 내 한국학 교육과 연구에 종사하는 교수, 그리고 중국사회과학원, 국무원 발전연구센터, 중앙당교 및 북경지역 관련 대학의 영향력 있는 한국학 전문가들을 특별연구원으로 초빙하여 구성된 연구센터로서 현재 사회, 정치, 경제, 문화, 역사, 철학, 종교, 언어, 문학, 예술 등 한국학의 다양한 영역을 아우를 수 있는 65명의 연구원이 있다. 이들의 역할을 충분히 발휘시킴으로써 한국학 각 학문 영역 간의 융합적 발전을 도모하고 있으며 조선어학부와 공동으로 10여차에 걸쳐 국제학술회의를 개최하는 등 활발한 움직임을 보이고 있다. 그리고 한국문화연구소는 1993년에 설립되었으며 현재 16명의 연구원이 재직 중이며 한국문화연구 및 중국조선족문제 연구에 주목하여 적지 않은 성과를 이룩하였다.[②] 그러한 인프라를 활용하여 한국의 교육부에서 시행하고 있는 한국학진흥사업의 해외한국학 중핵대학사업, 문화체육관광부에서 시행하고 있는 세종학당사업, 외교부가 시행하고 있는 국제교류재단사업 등에서도 괄목할

---

① 1998년 5월 江澤民 주석의 북경대 설립 100주년 기념행사 연설에 의거, 100여 개 중점대학 가운데서 다시 30여 개 대학을 중점의 중점대학으로 건설하여 세계 1류 대학으로 육성하기 위한 프로젝트.

② 김춘선, 「중앙민족대학에서의 한국학 연구 현황」, 『제27회 한중인문학회 국제학술대회 발표논문집』, 한중인문학회, 2011, 56─61쪽.

만한 성과를 내고 있다. 한국학 관련 교수, 연구원들이 중국과 한국의 출판사에서 많은 저서들을 출간하고 있을 뿐만 아니라 중국과 한국의 저명학술지에도 많은 논문을 발표하고 있다. 또한 한국어 교육이나 한국어학과 한국문학 등의 전공 영역 성과는 양적으로도 적지 않으며, 세부 전공 또한 광범위한 영역에 걸쳐 있다. 뿐만 아니라 이들 한국학 관련 전공 교수들은 어학이나 문학 등 한국학의 특정 범위에 국한되어 있지 않고 민속학, 역사학, 문화학, 등 한국학 관련 다방면의 전공 영역에서 연구 활동을 진행하고 관련 성과를 산출해내고 있다. 이처럼 중앙민족대학은 다양한 한국학 관련 전공 교수진을 확보하고 있으며 이들 교수들의 역량 또한 중국 내의 한국학 교육과 연구를 선도하는 데 큰 역할을 하고 있다고 할 수 있다.[1]

남경대학의 경우, 2008년과 2013년에 2차례 걸쳐 해외한국학 중핵대학육성사업 심사에서 선정되었고 문·사·철 제 분야의 교육·연구 역량을 총 동원함으로써, 한국어문학과라는 단일학과의 경계를 넘어서 중국 내 최고수준의 '인문한국학' 교육·연구 모델 개발 및 시스템을 선도적으로 구축하려는 목표를 설정하고 있다. 그리하여 중국 내 대다수 한국어학과들의 문제점인 실용어학기능의 편향성을 바로잡고, 문·사·철 제 분야를 아우르는 차세대 '인문한국학' 인재양성의 새로운 패러다임을 형성해 나가며, 중국 내 문·사·철 분야의 주류 학자들과 쌍방향 교류 소통을 적극 강화내 나감으로써 한국학을 심화 발전시키고 아울러 한국학의 위상을 드높이며, 풍부한 인문학적 소양과 거시적인 동아시아 시각을 바탕으로 지성적인 한류 분위기를 조성해 나가고 있다.[2] 현재 남경대학에서는 탄탄한 교수진 및 연구인력 구성과 탈어학교육기능의 학문화 추진 및 고도의 국제화 운영을 바탕으로 엘리트중심의 한국학 전문 인재 양성에 주력하고 있으며, 통합적인 한국학연구기관의 설립, 한국학 관련 독자적 박사학위 수여자격 취득 등 빠른 발전을 보이고 있다. 이밖에도 한국 언어학, 문학, 사학 관련의 다양한 논문들을 학술지에 게재하고 있으며 특히 중국 학술등재지인 CSSCI 학술지에서의 지속적인 논문발표는 한국학의 연구 성과와 수준을 중국 주류학계에 널리 알림으로써 긍정적인 평가를 받고 있다.

지금까지 한국교육부의 "해외한국학 씨앗형사업" 지원과제를 수행하고 있는 중국내 대학을 살펴보면 아래와 같다.

---

[1] 송현호, 『한중 인문교류와 한국학연구 동향』, 태학사, 2018, 164쪽.

[2] 송현호, 『한중 인문교류와 한국학연구 동향』, 태학사, 2018, 117-118쪽.

표2-10 해외한국학 씨앗형사업 지원과제 목록①

번호	대학명	과제명	연구기간	연간연구비 (천원)
1	상해외국어대학	Network Governance and Interest Groups in South Korea and China: Interest Intermediation in Urban District in Municipality City (MonographI,II)	2년(2010.12.27.~ 2012.12.26.)	20,000
2	북경대학	韓·中傳統과近代의移行 – 신문화운동을중심으로– (Korea & China, from Tradition to Modernity)	2년(2010.12.27.~ 2012.12.26.)	49,500
3	대련외국어대학	중국 한국어 학습자 코퍼스 구축과 연구(The Construction and Research of Chinese Learner's Korean Corpus)	2년(2011.12.1.~ 2013.11.30.)	24,675
4	복단대학	외국 한국(어문)학과 대학생을 위한 교재 개발	3년(2011.12.1.~ 2014.11.30.)	25,000
5	유방학원	중국인을 위한 한국 한자어 학습사전 편찬 및 관련 교육 지도안의 확립과 교과목의 개설	3년(2012.7.1.~ 2015.6.30.)	50,000
6	하남이공대학	명청대 문헌에 보이는 한국미술사 자료 집성 (The Compilation of Historicsal Materials and Data on Korean Arts, in the Documents of Chinese Ming and Qing Dynasties)	3년(2013.7.1.~ 2016.6.30.)	50,000
7	화동사범대학	한국 한자학 전문 교육 과정 개설과 연구자 육성을 위한 기초 연구 (The Organization and Implementation of the Korean Hanja Research Program and Nurturing Korean Hanja Specialists in China)	3년(2014.7.1.~ 2017.6.30.)	49,000
8	산동대학	중국 내 한국 문화번역 인재 양성을 위한 교수요목 및 교재 개발 사업 (The project of syllabus and textbook development for educating the cultural translation elite in Korea culture in China)	3년(2015.7.1.~ 2018.6.30.)	46,000
9	화중사범대학	중국 화중지역 한국학 핵심기지 구축 사업(A Project to Establish a Key Base for Korean Studies in Central China)	3년(2016.6.1.~ 2019.5.31.)	33,000

① http://ksps.aks.ac.kr/hpjsp/hmp/bizguide/bizsbjtlist.jsp?bizCd=INC（2019.1.3）

(속 표)

번호	대학명	과제명	연구기간	연간연구비 (천원)
10	길림대학 주해캠퍼스	중국 화남지역 한국학 교육연구 특성화 및 플랫폼 구축(The Characteristic Development of Education and Researches of Korean Studies in Southern China and Its Platform Construction)	3년(2016.6.1.~ 2019.5.31.)	40,000
11	하북대학	중국 중서부지역 한국학 교육 및 연구 플랫폼 구축	3년 (2017.6.9~ 2020.6.8)	49,000
12	위방대학	한국학연구소 설립과 지역특화형 한국학 교육·연구 환경 구축 및 조선 사신의 중국 문화공간 연구	3년 (2017.6.9 ~ 2020.6.8)	45,000

표2-10을 보면, 총 12개의 대학에서 한국교육부의 "해외한국학 씨앗형사업" 지원과제를 수행하였거나 현재 진행 중에 있으며 그 연구영역이 주로 한국학 관련 교육연구, 한국학 지역기지구축 등에 착안점을 두고 있음을 알 수 있다. 그리고 수주 대학 중에는 북경대학, 복단대학, 산동대학 등 국가 '985공정' 대학, 상해외국어대학, 화동사범대학 등 국가 '211공정' 대학이 있는가 하면, 일반 공립대학, 사립대학도 포함되어 있다. 그리고 최근에 들어 지역특성화 혹은 한국학 연구 플랫폼 구축 사업이 각광을 받고 있음을 알 수 있다.

그렇다면 총체적으로 볼 때, 중국에서의 한국학 연구동향은 대체적으로 어떠한가? 필자가 중국의 'CNKI'에 수록되어 있는 각 영역 학술지에 발표된 글을 대상으로 '朝鮮' '韓国' 등 검색어를 통해 제목별로 통계를 낸 것에 따르면(2013년 10월 18일 기준) 그 결과는 다음과 같다.

표2-11 중국내 한국학 관련 발표 논문 통계 (단위: 편)

연도	검색어				합계	
	'朝 鮮'		'韓 国'			
	모든 간행물	핵심 간행물[1]	모든 간행물	핵심 간행물	모든 간행물	핵심 간행물
1981~1991	4,359	1,117	182	95	4,541	1,212
1992~2002	6,883	2,664	23,567	6,662	30,450	9,326
2003~2013	11,226	3,517	44,969	9,982	56,195	13,499

[1] 중국대륙에서의 '核心期刊'과 'CSSCI'를 가리킨다.

표2-11 을 보면, 1981~1991년 사이에 발표된 글들은 제목에 주로 '朝鮮'이라는 단어를 사용했으며(4,359편), '韓国'이라는 단어를 사용한 글은 극히 드물었다(182편). 중·한 수교 이후, 한국학 관련 연구가 전례 없이 활발하게 진행되면서 1992~2002년 사이에 '朝鮮' '韓国'이라는 단어가 제목에 포함되어 있는 글은 1981－1991년 사이에 발표된 글의 양에 약 1.6배를 차지하였다. 그리고 제목에 '韓国'이라는 단어를 사용한 글이 23,567편으로, '朝鮮'이라는 단어를 사용한 글(6,883편)의 3.4배나 되는 양을 차지하였다. 2003~2013년 사이에는 기하급수적으로 발전하여 제목에 '韓国'이라는 단어를 사용한 글이 44,969편으로, '朝鮮'이라는 단어를 사용한 글(11,226편)의 4배나 되는 양을 차지하였다. 그리고 2003~2013년 사이에 발표된 글만 보더라도 중국의 핵심간행물에 발표된 글이 총 13,499편으로, 해마다 1,200여 편의 한국학 관련 글이 중국의 핵심간행물에 발표된 것으로 추정된다. 그리고 위의 통계수치는 주로 관련 검색어 통계 결과이기에 실제로 발표된 글은 이보다 훨씬 많을 것으로 보인다.

요약해 말하자면, 중국에서의 한국학 관련 연구는 그 동안 연구 중심이 '朝鮮'에서 '韓国'으로 전이하였고 양적인 성장과 함께 질적인 성장도 동반해왔으며 중국의 주류학술계에서도 그만큼 관심을 보이고 있음을 알 수 있다. 이는 중·한 수교 이후 한국과의 교류가 급격하게 증가함으로써, 특히 북한보다는 남한과의 교류가 직접적으로 활발해진 영향이라고 할 수 있다. 중국과 한국의 직접적 교류로 경제적 교역이 양적으로 확대되고, 이에 발맞춰 문화적인 교류 또한 양적으로 확대되면서 한국어와 한국학의 수요가 크게 증가했기 때문이다.

그리고 필자가'CNKI'에 수록되어 있는 각 영역 학술지에 발표된 글을 대상으로, '韓语' '韓国语' '朝语' '朝鮮语' '韓国文学' '朝鮮文学' '韓国文化' '朝鮮文化' 등의 검색어를 통해 주제별로 통계를 내보았는데(2013년 10월 18일 기준) 그 결과는 다음과 같다.

표2-12 중국내 한국어 및 한국문화 관련 논문 발표 통계

연도	검색어					
	'韓语' '韓国语' '朝语' '朝鮮语'		'韓国文学' '朝鮮文学'		'韓国文化' '朝鮮文化'	
	모든 간행물	핵심 간행물	모든 간행물	핵심 간행물	모든 간행물	핵심 간행물
2003~2013	1,775편	339편	176편	46편	767편	177편

표2-12를 통해 알 수 있듯이 2003~2013년 사이에, 논문주제에 '韩语' '韩国语' '朝语' '朝鲜语' 등 단어가 포함된 글은 1,775편, '韩国文学' '朝鲜文学' 등 단어가 포함된 글은 176편, '韩国文化' '朝鲜文化' 등 단어가 포함된 글은 767편으로 총 2,718편이 발표되었다. 한국문학의 경우, 문학작품의 명칭 혹은 작가명이 글의 주제에 직접 포함되는 경우가 많기 때문에 본 통계방식으로는 실제보다 적은 숫자로 나타날 수 있을 것이라 추정된다.[①] 하지만 총체적으로 볼 때, 한국어, 한국문학, 한국문화 관련 글이 차지하는 비중이 의외로 많지 않음을 알 수 있다. 그리고 필자가 'CNKI'의 데이터를 기초로 추가 통계를 낸 것에 의하면, 중국에서의 한국학 연구는 단지 언어, 문학, 문화 등에 국한되지 않고, 크게는 한국의 정치, 경제, 역사, 교육, 관광 등 분야, 작게는 한국인, 한국유학생, 한국영화, 한국드라마, 한국기업 등 다양한 분야의 다양한 주제로 활발하게 진행되고 있음을 알 수 있다. 다시 말하면, 오늘날에 이르러 중국에서의 한국학 연구는 보다 많은 중국인들의 관심사로 부상하고 있으며 그 연구영역도 다양한 분야로 확산되고 있음을 가늠할 수 있다.

② 부분적 측면

2007년 광동지역 한국어교육자 연합회가 설립된 이래 8회에 걸쳐 학술회의를 개최하기도 하였고, 길림대학교 주해캠퍼스 한국학연구소가 주최하는 한국학 국제학술회의도 2008년부터 10회에 걸쳐 개최되고 있는가 하면, 2012년부터는 중국 차세대 한국어교육자 포럼과 범주강삼각주 학술회의가 화남지역 한국어학과 소재 대학을 중심으로 개최되고 있다. 이에 2007년부터 2017년 사이 화남지역에서 개최된 학술회의 발표 논문집을 바탕으로 그동안 발표된 학술연구를 살펴보면 총170편의 논문이 이 지역 연구자들에 의해 발표되었다.

표2-13 화남지역 학술회의 논문 발표 현황 (단위: 편)

어학	문학	문화	기타(교육, 교과과정, 교재, 역사 등)
70	55	13	32

---

① 본 통계 수치는 주로 관련 검색어를 기초로 한 통계 결과이기에 일부 중복 계산 혹은 누락 등 오차가 있을 수 있음을 밝혀둔다. 하지만 이러한 오차는 연구동향을 분석하는 데는 큰 영향을 미치지 않을 것으로 짐작된다.

화남지역 연구자들에 의해 발표된 논문을 종류별로 살펴보면 어학 관련 논문이 70편으로 약 41%를 차지하며, 문학 관련 논문이 55편으로 약 32%, 문화 관련 논문이 13편으로 약 8%, 한국어교육, 교과과정, 교재, 역사 등의 관련 논문이 32편으로 약 19%를 차지한다. 연구의 흐름은 문학보다 어학에 편향되어 있는데 이는 중국 대학의 전체적인 한국어연구 흐름과 맥락을 같이 하고 있다. 또한 연구 주제가 다양하고도 폭넓으며 젊은 교사들의 연구 열정이 높음과 동시에 일정한 연구 능력도 갖추고 있음을 보여준다.

하지만 한국어교육 연구가 상대적으로 발달한 북경-동북지역이나 동부 연해지역과 비교해 볼 때 발표 수량이나 질적인 면에서 나아가야 할 길은 아직도 먼 편이다. 중국의 저명한 학술지인 CSSCI급 학술지에 발표되는 한국어문학 관련 논문의 양은 아직 극히 제한되어 있다. 그리고 한국어문 관련 전문 학술지인 『중국조선어문(中国朝鲜语文)』, 『한국어교수와 연구(韩国语教学与研究)』등의 학술지 모두 북경-동북지역 또는 연해지역 연구자들의 논문 등재가 다수이며 중국 교육부 연구 지원사업에서도 대부분 이들 연구자들에게 돌아가고 있는 실정이다. 물론 본 통계에는 화남지역 교수들이 기타 지역에서 발표한 논문은 통계되지 않아 어느 정도의 한계가 있을 수 있으나 대체적인 연구 흐름을 판단하는 데는 일정한 참고 자료가 될 수 있으리라 본다.

여기에서 아래와 같은 몇 가지 점은 학계에서 유의해야 할 부분이라고 본다.

첫째, 중국에서의 한국학 관련 연구는 순수 학문적인 연구 외에도 현지의 지역발전을 위한 실용적 연구 역시 활발히 진행되고 있다. 중국의 지방정부에서는 대학의 연구기관들에서 지역사회의 경제발전에 직접적으로 활용할 수 있는 연구 성과물을 제출할 것을 적극 권장하고 있으며 그러한 연구기관 혹은 연구단체에 연구자금을 적극적으로 지원하고 있다.

둘째, 중국의 적지 않은 대학에 한국학 관련 학과가 개설되었고 한국학은 중국 내에서 주요한 학문으로 부상하였으며 경제와 문화적 차원에서 한국을 비롯한 동아시아의 역할과 중요성이 커진 만큼 중국 내에서 한국학이 앞으로도 계속하여 사회적으로 일정한 인기를 모으게 되는 것은 추정이 가능한 부분이다. 하지만 많은 수의 한국학 관련 학과만큼 그에 걸맞은 학술적 영향력을 가지고 있다고 보기는 쉽지 않다. 실제로 한국학 개설 학과들의 교수진 규모를 보면, 20명 내외 혹은 그 이상의 교수를 확보하고 있는 학교가 연변대학, 북경대학,

중앙민족대학, 낙양외국어대학, 산동대학 위해분교, 대련외국어대학 정도이다. 이중 연변대학, 북경대학, 중앙민족대학, 낙양외국어대학은 중·한 수교 이전에 개설되어 한국학 관련 역량이 장기적으로 축적되어 있는 학교들이고, 중·한 수교 이후 개설된 학교로는 산동대학 위해분교와 대련외국어대학이 전부이다. 산동과 대련 지역이 중·한 수교 이후 한국의 기업들이 다수 진출한 대표적인 지역이라는 점에서 이들 대학의 한국학 관련 학과의 규모가 큰 이유는 기업을 중심으로 한 경제적 교류 상황이 직접적으로 바탕이 된 것임을 짐작할 수 있다.

셋째, 한국어로 작성된 논문, 특히 한국에서 발표된 한국학 관련 논문들은 한국어로 의사소통이 불가능한 중국인학자들에게 직접적인 영향을 거의 미치지 못하고 있다. 심지어 적지 않은 대학들에서 한국의 KCI 등재지 논문도 인정을 하지 않거나 부분적으로 인정하고 있는 실정이다. 중국대륙에서의 한국학의 저변 확대와 폭넓은 교류를 위해서는 가급적 중국어로 논문을 작성하여 저명한 학술지인 CSSCI급 학술지에 게재하도록 노력을 기울여야 할 것이다.

넷째, 앞으로의 한국학 연구는 한국어로 의사소통이 가능한 '우리' 만의 한국학이 아닌, 보다 많은 중국인들이 참여할 수 있는 연구 분야로 거듭날 수 있도록 적극적인 대책이 필요하다고 본다.

제 3 장

한국어학과 교과과정

교과과정(curriculum)이라는 용어는 연구 내용과 대상에 따라 다양하게 정의되는데 교육적 결과를 얻기 위한 일련의 계획된 사건으로 일반적으로 목적(goals), 목표(objectives), 내용(content), 과정(processes), 자료(resources), 평가 수단(means of evaluation)등을 포함한 개념으로 이해된다. 교과과정에 대한 연구는 학습자들이 가장 효과적으로 지식을 배울 수 있도록 지식의 구조를 어떻게 조직하고 배열하여 제시할 것인가의 문제와 학습 가능성 및 교수 가능성에 관한 연구 등과 연관된다.[1]

대학교 교육의 핵심은 교과과정에서 비롯된다고 해도 과언이 아니다. 즉, 교과과정은 교수·학습을 이끄는 전체적인 설계도로서, 교육의 성패를 가름하는 중요한 요소라 할 수 있다. 따라서 한국어교육에 있어서 교과과정의 중요성을 인식하고 한국 관련 인재 양성이라는 교육목표에 맞추어 각 학교의 특성에 적합한 교과과정 수립이 가장 중요하다. 뚜렷한 교육목표 아래 각 교과목의 역할 분담, 영역간 균형성과 연계성 등을 고려하여 교과과정을 편성하는 것이 최대의 교육 효과를 이끌어 낼 수 있다는 점에 대해 모두가 공감할 것이다.

---

[1] 왕단, "중국 대학교 韓國語科 교육과정 설계에 관한 연구", 『외국어로서의 한국어교육』 제27집, 연세대학교 언어연구교육원 한국어학당, 2002, 221쪽.

그 동안 중국대학의 한국어학과 교과과정에 대한 연구는 끊임없이 진행되어 왔다. 연도순으로 중국대학에서의 한국어 교과과정에 대해 접근을 시도한 글들을 살펴보면 다음과 같다.

이득춘(1997)에서는 연변대학을 사례로 한국어학과의 교육목표, 주요 전공교과목, 교수방법, 학년별 교육 요구, 전공실습 등을 소개한 바 있다.

왕단(2002)에서는 "교육과정 연구는 교과의 내용 선정에만 필요한 것이 아니라 교수와 학습의 방법, 교재, 평가 등에도 꼭 필요한 것"이기에 교육과정 개발의 기본 원칙으로 학습자 중심성, 통합성, 활동 지향성을 제시한 바 있다.

김영옥(2003)에서는 "제2언어인 한국어 교육에 있어서 인재양성의 목표는 학생들에게 한국의 정치, 경제, 문화, 민속 등의 다방면에 걸친 예리한 통찰력과 함께 전체 교육과정에서 구어능력 배양을 중심목표로 삼도록 요구하고 있으며" 한국어를 전공한 학생은 졸업 후에 대부분 외교 무역이나 이와 연관된 한국 관련 업무에 종사하게 되므로 학생들은 완벽한 한국어 구어 사용 능력과 높은 적용 능력을 갖추어야 함을 주장하고 있다.

박영환(2007)에서는 현재 대학의 교과과정은 학교마다 조금씩 다르기 때문에 천편일률적으로 말하기는 어렵지만 대체로 한국어 인재 양성이란 목표에 따라 기초와 응용, 이론과 실천, 선택과 필수 등 유기적이고 과학적인 조합이 이루어지도록 하고 있다고 평가하였으며, 교과과정 개발 방안, 교수양성과정에 필요한 교과과정 면에서의 주의할 점 등을 제시하고 있다.

김병운(2007)에서는 한국어학과는 시대의 수요에 발맞춰 한국어(주전공)+전공(부전공), 전공(주전공)+한국어(부전공), '2+2' 등 과정을 개설하고 경제, 문화 관련 과목을 추가 개설할 필요성을 제기하고 있다.

김영수(2010)에서는 "교육과정이란 한마디로 찍어 말한다면 교육목표를 달성하기 위한 교육내용과 학습활동의 체계적인 계획이라고 할 수 있다. 이 교육과정은 협의적인 의미에서는 하나의 교과목을 가르치기 위한 목표, 내용, 전략이나 이들의 시간적, 순서적 배열 등 구조화한 언어 교수의 전반적인 계획을 말하고, 광의적인 의미에서는 교육목표, 교육내용, 교수활동 및 교육평가에 이르기까지 하나의 교육기관에서 그 기관의 목표에 따라 체계적으로 개발한 프로그램의 전체를 말한다. 즉 교육과정은 교육의 전체적 방향성을 설정하고, 그 방향성 내에서 달성하고자 하는 구체적 목표를 제시한 후, 이러한 목표를 성취하기에 적절한 학습 내용을 선정하고, 교수 학습의 방법을 제안하며, 적절한 평가 방식까지를 제시하는 것이다"고 지적하고 있다.

金善子(2011)에서는 주강 삼각주 지역의 한국어학과의 발전 현황과 현재 가지고 있는 문제점에 대하여 논의를 하면서 교과과정의 다양화와 개성화 부족 등을 문제로 지적하고 있다.

김병운(2012)에서는 "교과과정은 또 교육과정이라고도 하는데 교육을 체계적이고도 과학적으로 진행하는데 있어서 반드시 필요한 부분이다. 교과과정은 전공에 따라 다를 수도 있고, 학교의 특성에 따라 다를 수도 있고, 학습자들의 모국어상황이나 학습 환경조건에 따라 다를 수도 있다. 다만 동일한 전공의경우 기초과정에 있어서는 같아야 한다. 그러나 교과과정이란 교재의 유무와 교사의 유무에 따라서도 제약을 받게 마련이다… 일부 지역 대학의 교과과정은 그 지역이나 타 지역의 교과과정을 그대로 옮겨다 놓은 것들이 많아서 특성이 잘 나타나지 않고 있을 뿐만 아니라 이러한 교과과정이 실제로 그 대학교 학습자들의 실정에 맞을 수 있을까 하는 것도 의심이 간다. 예를 들면, 한국 경제나 무역경제 관련 교과과정은 거의 모든 대학들에서 개설을 하고 있는데 물론 이는 사회적인 수요에 따른 것이라 할 수 있겠지만 실물경제나 무역경제 지식을 전공했거나 배운 교사가 있는 학교는 별 문제가 없겠지만 이런 지식을 전공한 교사가 한 명도 없는 학교에서 이러한 내용을 강의한다는 것은 좀 무리가 된다고 할 수 있다"고 지적하고 있다.

주뢰·문복희(2012)에서는 산동대학, 곡부사범대학, 연대대학, 노동대학, 산동이공대학 5개 대학교의 한국어 전공 교과과정을 근거로 하여 산동성내의 한국어교육에서의 문화교육과 관련 과목의 개설상황을 살펴보았으며 이를 통해 중국의 대학교들이 1~2학년의 학생에게 한국말과 글을 바르게 이해하고 표현할 수 있는 능력의 양성, 3~4학년 학생에게 일상 속의 이질문화로 인해 생긴 의사소통의 장애 및 갈등의 해소에 중점을 둘 것을 제기하고 있다.

이나(2012)에서는 중국 내 한국어학과의 교과과정에 있어서는 종합 지향형, 실무 지향형, 학문 지향형, 관광 지향형에 따라 유사점과 차이점이 존재한다고 보았다. 이에 각각의 지향성을 분석하였으며 이를 통해 공통부분은 회화, 듣기,

종합, 쓰기, 시청설과 같이 5개 부분의 단일화가 필요하며 상이부분의 경우 1학기 한국개황, 2학기 한국문화, 3학기 한국역사, 4학기 한국어문법, 5학기 한중번역/신문선독/무역어휘, 6학기 중한번역/무역한국어/한글과 컴퓨터, 7학기 동시통역/실용문쓰기/사무실한국어, 8학기 한국기업론/한국기업문화와 같은 과목 배치를 건의하고 있다.

김연란(2013)에서는 중국 내 한국어학과가 1940년 처음으로 개설된 이후 70여년의 세월이 흐르는 동안 한국어교육의 환경도 변화되었으므로 이에 대한 교육과정 개선이 필요하다고 보았다. 이에 교육 환경 변화에 따른 한국어학과 교육과정 개선을 목표로 중국 내 5개 대학인 복단대학교, 대련외국어대학교, 상해외국어대학교, 사천외국어대학교, 광동외어외무대학교 한국어학과를 중점으로 교육과정의 체계, 목표, 교과 과정의 재설정 필요성을 제시하였다. 교육 체계에 있어서는 언어실력 뿐만 아니라 전문화되고 세분화된 특성화 전문 영역의 교육이 필요함을 강조하였으며, 교육 목표에 있어서는 전공교육, 공통교육, 기초교육, 실천교육의 세분화와 목표 설정이 필요함을 강조하였으며, 교과 과정에 있어서는 중국실정에 맞는 교육철학을 반영한 교과과정 재설정이 필요하다고 강조하였다.

金善姬(2016)에서는 취업관의 다원화에 따른 한국어학과 교과과정이 어떻게 개설되고 있는지를 분석하면서 교과과정 개선과 취업관련 교육 강화, 그리고 학생들의 취업능력 강화 등을 개선과제로 제시하였다.

류약(2016)에서는 북경 소재 대학을 중심으로 교과과정에 대하여 분석을 진행하였으며 한국어 전공 교육목표, 교재 선정, 과목 설정에 문제가 있다고 보았다.

유단청(2017)에서는 학생들이 느끼고 있는 한국어교육에 대한 교육목표, 교육내용, 교육방법, 교육평가 면에서의 만족도를 분석하였으며 개선되어야 할 몇 가지 시사점을 제시하였다.

刘淋(2017)에서는 중국 내 사립대학교를 중심으로 교과과정을 포함한 한국어 응용형 인재 양성의 문제점과 대책에 대해 분석하였다.

이 외에도 노금송(2009), 임향란(2010), 허세립·이인순(2013a), 허세립·이인순(2013b), 허세립·이인순(2014)에서도 교과과정에 대하여 논의를 하였는데[1] 이러한 논문들의 공통점은, 내용적으로 중국대학에서의 한국어교육

---

① 지면의 제한으로 관련 논문들을 일일이 나열하지 못하였음을 밝혀둔다.

의 거시적 고찰, 현황 파악, 문제점 발견, 해결책 혹은 발전방향 모색 등이 주를 이루고 있다는 것이다. 연구 중에는 교과과정을 전체적으로 살펴본 연구가 있는가 하면 단일과정으로 살펴보고 교과과정의 개발 또는 교과과정 건의를 시도한 연구도 있다. 비록 연구 성과물의 양은 많지 않지만 서로 다른 시기에 서로 다른 측면에서 중국대학의 한국어 교과과정의 현황을 살피고 존재하는 문제점들을 점검하면서 해결책을 강구하려는 노력의 흐름으로 볼 수 있으며 앞으로의 중국대학에서의 한국어교육 연구에 좋은 자료들을 제공하여 주었다고 할 수 있다. 하지만 대부분의 연구가 교육과정의 일환으로 교과과정을 논하거나 교육과정 고찰에 그치고 있으며 그 구체적인 방안을 마련하지 못하는 아쉬움이 없지 않다.

중국대학의 한국어학과에서는 나름대로 전공 교과목과 교양 교과목의 비율, 전공기초 교과목과 전공 교과목의 비율, 필수 교과목과 선택 교과목의 비율, 이론 교과목과 실천 교과목의 비율, 언어와 문학 그리고 문화에 관한 교과목의 비율, 한국어와 영어의 비율 등을 합리적으로 배정하기 위해 노력하고 있으며 일부 대학에서는 해마다 교과과정을 수정하거나 보완하고 있다. 그리고 타 학과나 타 대학 한국어학과의 모델을 단순히 모방하는 것을 벗어나 국내외 여러 외국어학과의 우수한 교과과정과 지역사회의 인재 수요 유형 등을 참고하여 자기 학과만의 특성을 살릴 수 있는 모델로 만들어가기 위한 노력을 보이고 있다.[1] 하지만 문제점 또한 적지 않게 존재하고 있다.

강은국(2010)에서는 중국내 각 대학교들에서 제정한 한국어 양성목표가 서면 상에서 볼 경우에는 기본적으로 중국 교육부 외국어 교육지도위원회에서 제정한 '전공 규범' 요구에 근접해 있지만 각 대학교들에서 제정한 양성 목표가 거의 대동소이하다는 점을 지적하고 있다. 특화된 교과과정이 결여되어 있다는 것이다. "예컨대, 2000년 이후에 갓 설립된 많은 지방 대학들, 심지어는 많은 사립대학들에서 제정한 양성 목표가 북경대학교, 대외경제무역대학교, 상해외국어대학교 등 교육부의 중점대학교들에서 제정한 양성목표와 아무런 차이가 없을 뿐만 아니라 심지어 어떤 대학교의 양성 목표는 이런 중점대학교의 양성목표보다 더 높게 제정되었다는 것이다."[2]

김영수(2010)에서는 국내 대학의 한국어교육과정이 가지고 있는 주요한 문제점은 교육목표에 어긋나는 과목설정, 학습절차에 맞지 않은 과목순위배정, 훈련목표에 미달되는 시간배정이라고 지적하고 있다. "학생들은 이해성적인 과목에 대해서는 잘 장악하고 있지만 학교에서 배운 지식을 충분히 활용할 수 있는 기회나 시간이 상대적으로 적게 되어 졸업 후 직장생활에 어려움을 겪게

---

[1] 허세립·이인순, 「중국대학의 한국어교육 현황과 전망」, 『한중인문학연구』 제38집, 한중인문학회, 2013, 154쪽.

[2] 강은국, 「대학교 본과 외국어 비통용 어종 학과 규범의 측면에서 본 중국에서의 한국어 교육」, 『韩国(朝鲜)语教育国际学术研讨会论文集(上)』, 2010, 240쪽.

되는 경우가 있다."[1]는 것이다.

허세립·윤진(2011)에서는 한국어교육에 있어서 단순히 한국어나 한국문학, 한국문화에 대한 지식 전수에 만족할 것이 아니라 해당 지역의 한국인 기업들이 원하는 인재 양성을 꾀해야 한다고 지적하고 있다. 기업체와 지속적이고 실질적인 교류와 상호 협의를 진행하고 그 결과를 철저하게 분석하고 종합하여 지역 내의 기업체에서 원하는 한국어 인재상을 육성해 나갈 수 있도록 교과과정을 재편성하는 것이 자못 중요한 의미를 가지고 있다는 것이다.[2]

이 외에도 한국어학과 교과과정의 문제점에 대해 논의하는 글들을 많이 볼 수 있는데, 약간의 의견 차이를 보이기는 하지만 주로 아래와 같은 몇 가지로 그 문제점을 귀납할 수 있다.

첫째, 비현실적인 인재양성 목표 설정

둘째, 교육목표와 교과과정의 불일치

셋째, 전공 관련 수업시수 부족

넷째, 교과목 순위 배정 불합리

다섯째, 언어, 문화, 문학 관련 교과목의 비율 불합리

여섯째, 과다한 이론 교과목

위에 나열한 문제점들은 대부분의 학자들이 공감하리라 믿는다. 하지만 "이론 교과목의 과다 혹은 과소 현상"은 대학의 유형, 즉 연구형 대학이냐 아니면 실용형 대학이냐, 4년제 대학이냐 아니면 전문대인가에 따라서 의견이 다를 수 있으며, "언어, 문화, 문학 관련 교과목의 비율"이 합리적인가 아니면 비합리적인가 하는 것도 학과 소속 대학의 유형에 근거하여 내용학적 연구, 실증적 연구가 필요한 부분이라고 생각한다.

---

[1] 김영수, 「중국에서의 대학교 한국어 교육 과정 현황과 개선 연구」, 『韩国(朝鲜)语教育国际学术研讨会论文集(下)』, 2010, 4쪽.

[2] 허세립·윤진, 「범 주강 삼각주 지역의 한국어학과 발전 방안 연구」, 제2회 범주강삼각주지역 한국어교육학술대회 논문집 『한국어교육과 한국학 연구』, 2011, 90쪽.

제3절 현행 교과과정에 대한 거시적 접근

1 제도적 측면

중국교육부 대학 교수지도위훤회(教育部高等学校教学指导委员会)에서 펴낸『일반대학교 본과 전공별 교육의 질에 대한 국가표준(普通高等学校本科专业类教学质量国家标准)』에서는 "외국어문학 교육의 질에 대한 국가표준(外国语言文学类教学质量国家标准),(아래 '외국어문학 국가표준'으로 약칭)"을 명시하고 있다.[①] '외국어문학 국가표준'에 있어서의 교육목표를 구체적으로 살펴보면 아래와 같다.

① 개요

'외국어문학 국가표준'의 개요에서는 외국어계열 전공의 학문적 위상, 학과(學科) 기초교과목의 구성, 인재육성방안에 대한 총체적인 요구를 명시하고 있다. 구체적으로 말하자면, 외국어계열 전공은 전국 대학 인문사회과학 학과(學科)의 중요한 구성부분으로서 학과(學科) 기초교과목에는 외국언어학, 외국문학, 번역학, 지역 및 국가별 연구, 비교문학과 교차문화(Cross-cultural) 연구 등을 포함하며 학제적 특징을 갖고 있다. 각 외국어 전공은 '외국어문학 국가표준'에 근거하여 사회발전 수요 및 본교의 운영 표준과 운영특성에 부합되는 인재육성방안을 만들어야 한다.[②]

② 교육목표

'외국어문학 국가표준'의 교육목표에 의하면 외국어계열 각 전공에서는 양호한 종합 소양, 튼튼한 외국어 기본 기능, 전공지식과 능력, 관련 전문지식을 갖춘, 본국의 대외교류, 국가 및 지역 경제, 사회 발전, 각종 섭외 업종, 외국어교육과 학술연구의 수요에 부응하는 외국어계열 전문 인재 및 복합형 외국어

---

① 教育部高等学校教学指导委员会(2018), "外国语言文学类教学质量国家标准",『普通高等学校本科专业类教学质量国家标准』, 高等教育出版社, pp. 90-95.

② 外语类专业是全国高等学校人文社会科学学科的重要组成部分，学科基础包括外国语言学、外国文学、翻译学、国别与区域研究、比较文学与跨文化研究，具有跨学科特点。外语专业应根据本标准制定适应社会发展需要、体现本校定位和办学特色的培养方案。상동, 90쪽.

인재를 육성해야 한다.

각 대학에서는 본교의 실제와 교육요구에 근거하여 '외국어문학 국가표준'을 참조하여 교육목표를 합리적으로 설정해야 하고 교육목표는 상대적으로 안정적이어야 하며, 아울러 사회, 경제와 문화의 발전 수요에 따라 제때에 조정, 보완해야 한다.[①]

③ 총체적인 구성

'외국어문학 국가표준'에 의하면 외국어계열의 각 전공에서는 교육목표와 교육요구에 따라 교과목체계를 설계해야 한다. 교과목체계에는 교양교과목, 전공핵심교과목, 전공방향교과목, 실천교육 및 졸업논문 등 다섯 개 영역이 포함된다.

교과목 구성에 있어서 교양교과목과 전공교과목, 언어기능 훈련과 전공지식 전수, 필수교과목과 선택교과목, 외국어전공 교과목과 관련 전공 교과목, 교과목 강의와 실천 교육 등을 합리적으로 배분해야 하며 능력 양성과 전공지식의 축적을 중요시해야 한다. 특히 교차문화능력, 사변능력과 창의능력의 개발을 중요시해야 하며 아울러 경제, 사회발전 수요에 따라 탄력적으로 교과목을 조정하는 제도를 수립해야 한다.

총 학점은 일반적으로 150~180학점으로 하며 총 수업시수는 2400~2900 교시로 해야 한다. 각 대학 외국어계열의 전공은 본교의 운영요구와 교육목표에 근거하여 교과목체계의 각 구성요소 간의 합리적인 비율을 확정해야 한다.[②]

④ 교과목의 구성

'외국어문학 국가표준'에 의하면 외국어계열 각 전공의 교과목 구성은 아래와 같다.

---

① 外语类专业旨在培养具有良好的综合素质、扎实的外语基本功和专业知识与能力，掌握相关专业知识，适应中国对外交流、国家与地方经济社会发展、各类涉外行业、外语教育与学术研究需要的各外语语种专业人才和复合型外语人才。

各高校应根据自身办学实际和人才培养定位，参照上述要求，制定合理的培养目标。培养目标应保持相对稳定，但同时应根据社会、经济和文化的发展需要，适时进行调整和完善。상동, 92쪽.

② 各专业根据培养目标和培养规格设计课程体系。课程体系包括通识教育课程、专业核心课程、培养方向课程、实践教学环节和毕业论文五个部分。

课程设置要处理好通识教育与专业教育、语言技能训练与专业知识教学、必修课程与选修课程、外语专业课程与相关专业课程、课程教学与实践教学的关系，突出能力培养与专业知识构建，特别应突出跨文化能力、思辨能力和创新能力培养，并根据经济社会发展需要建立动态课程调整机制。

课程总学分一般为150—180学分，总学时为2400—2900学时。各高校外语类专业应根据本校的办学定位和培养目标，确定课程体系各部分之间的合理比例。상동, 92쪽.

교양교과목

교양교과목은 공동 기초교과목과 학교급 교양교과목 두 가지로 나뉜다. 공동 기초교과목은 일반적으로 사상정치이론, 정보기술, 체육과 건강, 군사이론과 훈련, 창신·창업교육, 제2외국어 등 교과목을 포함한다. 학교급 교양교과목은 일반적으로 학생들의 지식소양, 도덕품격과 심신소질을 높이는 인문사회과학과 자연과학 관련 교과목을 포함한다. 각 대학의 외국어계열 전공은 교육요구에 입각하여 계획적으로 교양교과목 자원을 충분히 활용함으로써 학생들로 하여금 합리적인 지식구조를 구축해 나가도록 해야 한다.[①]

전공핵심교과목

'외국어문학 국가표준'에 의하면 전공핵심교과목은 외국어기능 교과목과 전공지식 교과목으로 나뉜다. 전공핵심교과목의 수업시수는 전공 총 수업시수의 50%~85%를 차지해야 한다. 외국어기능 교과목은 듣기, 말하기, 읽기, 쓰기, 번역하기 등 면의 교과목을 포함한다. 전공지식 교과목은 외국언어학, 번역학, 외국문학, 지역 및 국가별 연구, 비교문학 및 교차문화연구 등 기초교과목, 그리고 논문습작과 기본연구방법 등 교과목을 포함한다.

비통용어전공(한국어전공 포함)의 핵심교과목으로는 기초전공외국어, 고급전공외국어, 전공외국어시청설, 전공외국어작문, 전공외국어회화, 전공외국어문법, 전공외국어−중국어 상호 번역, 전공외국어문학사, 대상 지역 혹은 국가의 문화 등이 포함된다.[②]

전공방향교과목

'외국어문학 국가표준'에 의하면 전공방향교과목에는 외국문학, 외국언어학, 번역학, 외국어교육, 지역 및 국가별 연구, 비교문학, 교차문화연구, 특수목적외국어 및 관련 인재 양성 방향 등의 유형들이 포함되며 필수교과목과 선택교과목으로 나눌 수 있다. 각 대학의 외국어계열 전공은 본교의 교육목표

[①]　通识教育课程分为公共基础课程和校级通识教育课程两类。公共基础课程一般包括思想政治理论、信息技术、体育与健康、军事理论与训练、创新创业教育、第二外语等课程；校级通识教育课程一般包括提升学生知识素养、道德品质与身心素质的人文社会科学和自然科学课程。各高校外语类专业应根据培养规格，有计划地充分利用通识教育课程资源，帮助学生搭建合理的知识结构。上同，92쪽.

[②]　专业核心课程分为外语技能课程和专业知识课程。专业核心课程的课时应占专业总课时的50%—85%。外语技能课程包括听、说、读、写、译等方面的课程。专业知识课程包括外国语言学、翻译学、外国文学、国别与区域研究、比较文学与跨文化研究的基础课程，以及论文写作与基本研究方法课程。

非通用语专业核心课程：基础专业外语、高级专业外语、专业外语视听说、专业外语写作、专业外语口语、专业外语语法、专业外语汉语互译、专业外语文学史、对象国或地区文化等。上同，92—93쪽.

와 교육요구에 따라 자체적으로 전공방향 교과목을 설치할 수 있다.[①]

실천교육

실천교육은 학생들의 전면 발전을 주된 목적으로 하며 전공실습, 창의·창업 실천, 사회실천, 국제교류 등을 포함한다.

전공실습은 학생들이 배운 전공지식과 기능으로 실제 문제를 해결하는 능력을 키우는 데 그 취지를 두고 있다. 각 전공은 인재양성방안에 근거하여 실습 계획을 세워야 하며 명확한 목표와 요구, 상세한 내용과 절차, 전문적인 지도와 점검 등이 확실하게 보장되어야 한다.

창의·창업실천은 학생들의 문제 해결능력과 창의·창업능력을 키우는 데 그 취지를 두고 있다. 각 전공은 과학적이고 합리적인 창의·창업 실천계획을 세우고 학과(學科) 경연 대회, 학습 취미 서클, 학술 동아리, 창의·창업 프로그램 등 실천 활동을 실시해야 한다.

사회실천은 학생들로 하여금 민정(民情), 국정(國情)을 이해하고 사회책임 감을 강화하는 데 그 취지를 두고 있다. 각 전공은 인재양성목표와 사회수요에 근거하여 사회실천계획을 세우고 사회조사, 자원봉사, 공익활동, 아르바이트, 교육지원 등 사회 실천 활동을 실시해야 한다.

국제교류는 학생들의 국제적 시야를 넓히고 교차문화 능력을 높이는 데 그 취지를 두고 있다. 각 전공은 인재양성목표, 학교운영 특성과 조건에 근거하여 계획적으로 해외 여름 캠프, 단기유학, 국내외 공동 양성과정 등 형식이 다양한 국제교류 활동을 실시해야 한다.[②]

졸업논문

졸업논문은 학생들로 하여금 이미 배운 이론지식을 이용하여 문제를 연구, 해결하는 능력, 그리고 창의력을 양성하고 검증하는 데 그 취지를 두고 있다. 졸업논문의 주제 선정 시 전공 교육목표와 교육요구에 부합되어야 하며 논문의

---

① 培养方向课程可包括外国文学、外国语言学、翻译学、外语教育、国别与区域研究、比较文学与跨文化研究、专门用途外语以及相关培养方向等类别，可分为必修课程和选修课程。各高校外语类专业可根据自己的培养目标和培养规格自主设置培养方向课程。상동, 93쪽.

② 实践教学环节旨在促进学生的全面发展，主要包括专业实习、创新创业实践、社会实践、国际交流。

专业实习旨在培养学生运用专业知识和技能解决实际问题的能力。各专业应根据培养方案制订实习计划，确保有明确的目标和要求、详细的内容和步骤、专业的指导和考查。

创新创业实践旨在培养学生解决问题的能力和创新创业能力。各专业应制订科学合理的创新创业实践计划，开展学科竞赛、学习兴趣小组、学术社团、创新创业项目等实践活动。

社会实践旨在帮助学生了解民情国情，增强社会责任感。各专业应围绕人才培养目标和社会需求制订社会实践计划，开展社会调查、志愿服务、公益活动、勤工助学、支教等社会实践活动。

国际交流活动旨在拓展学生的国际视野，提升跨文化能力。各专业应根据人才培养目标、办学特色和自身条件，有计划地开展国际夏令营、短期留学、国内外联合培养等形式多样的国际交流活动。상동, 93쪽.

작성은 학술규범을 지켜야 한다. 졸업논문은 학술논문, 작품 번역, 조사연구 보고서, 사례분석 등 다양한 형식을 취할 수 있는데, 작품 번역을 제외하고는 일반적으로 해당 외국어로 작성해야 한다. 각 전공은 졸업논문 주제 선정, 연구 계획 발표, 논문 작성, 논문 지도, 논문 답변 등 관련 규정을 만들어 지도교수의 책임, 졸업논문의 작성 과정, 질적 요구를 명확히 해야 하며 논문 지도과정을 적당한 형식으로 기록을 해야 한다.[①]

2 이론적 측면

1 일반성과 특수성

'외국어문학 국가표준'에서는 한국어 관련 전공의 교육목표, 교과목 구성에 있어서의 교양교과목과 전공교과목, 언어기능 훈련과 전공지식 전수, 필수교과목과 선택교과목, 외국어전공 교과목과 관련 전공 교과목, 교과목 강의와 실천교육 등의 합리적인 배분, 인재양성에 있어서의 구체적인 능력요구, 한국어전공의 총 학점과 수업시수를 명확히 요구하고 있다. 뿐만 아니라 교양교과목의 유형 및 구성 요구, 전공핵심교과목의 구성 및 총 수업시수 요구, 전공방향교과목의 구성 요구, 실천교육의 유형 및 실시 요구, 졸업논문의 유형 및 논문작성, 논문지도의 규범화 등 사항도 명확히 요구하고 있다. 특히 핵심교과목으로서의 기초전공한국어, 고급전공한국어, 전공한국어시청설, 전공한국어작문, 전공한국어회화, 전공한국어문법, 전공한국어－중국어 상호 번역, 전공한국어문학사, 한국문화 등은 반드시 교과과정에 배정해 넣어야 하며 중요한 비율을 차지해야 한다. 이러한 내용들은 한국어 관련 전공 교과과정의 일반성을 체현하는 주요 부분이라고 할 수 있다.

학계의 일각에서는 이러한 이유로 중국대학 한국어 관련 교과과정이 대동소이하다고 하는데, 사실 그렇지만은 않다. '외국어문학 국가표준'은 중국교육부의 한국어 관련 전공 설치에 관한 지침서이기에 반드시 지켜야 하지만, 그것은 어디까지 거시적 측면에서의 요구이기에 각 대학에서는 본교의 교육목표와 실정에 근거하여 얼마든지 자주적으로 교과과정을 설계할 수 있는 것이다. 즉 교과과정의 특수성이 필요한 사안으로 제기된다. 중국대학의 한국

---

① 毕业论文旨在培养和检验学生综合运用所学理论知识研究并解决问题的能力和创新能力。毕业论文选题应符合专业培养目标和培养规格，写作应符合学术规范，可采用学术论文、翻译作品、调研报告和案例分析等多种形式。除翻译作品外，一般应使用所学外语撰写。各专业应制定毕业论文选题、开题、写作、指导和答辩等相关规定，明确指导教师职责、毕业论文写作过程和质量规范，指导过程应以适当形式记录。相同, 93쪽.

어학과에는 연구형 대학이 있는가 하면 실용형 대학도 있고 국공립 대학이 있는가 하면 사립·반사립 대학이 있고 4년제 대학이 있는가 하면 전문대학도 있다. 이러한 유형의 차이로 인한 관련 교과과정의 특성화는 선택사항이 아닌 필수사항이다. 사실 동일계열의 한국어학과라 할지라도 그 학과가 소속된 지역의 차이, 인재양성 유형과 목표의 차이, 교수진의 차이, 신입생 충원율과 졸업생 취업률의 차이에 따라 크게는 한국어교육의 발전 방안뿐만 아니라 발전 방향이 다를 수 있으며, 작게는 한국어 관련 교과목의 구체 설정 및 수업시간의 구체 배분, 교수인력의 투입에도 차이가 있을 수 밖에 없다. 따라서 중국 내의 연구형 대학과 실용형 대학의 차이, 국공립대학과 사립·반사립대학의 차이, 4년제 대학과 전문대학의 차이로 인한 교과과정의 차이는 당연한 일이라고 생각한다. 따라서 교과과정에 대한 연구는 충분한 시간과 전문성이 필요하고 교과과정의 실시에 대한 실험적 연구뿐만 아니라 학과 유형에 따른 차별화된 접근이 필요하다. 다만 중국이 워낙 지역적으로 넓고 한국어학과 개설 대학이 다양한 지역에 포진해 있는 데다 추구하는 인재양성 목표도 서로 다르기 때문에 특화된 교과과정 연구와 운영을 위한 노력이 더 필요할 따름이다.

② 전문성과 복합성

앞에서 이미 언급했다시피 '외국어문학 국가표준'의 교육목표에 의하면 한국어 관련 전공에서는 양호한 종합 소양, 튼튼한 외국어 기본 기능, 전공지식과 능력, 관련 전문지식을 갖춘, 본국의 대외교류, 국가 및 지역 경제, 사회 발전, 각종 섭외 업종, 외국어교육과 학술연구의 수요에 부응하는 한국어계열 전문 인재 및 복합형 한국어 인재를 육성해야 한다. 이로부터 볼 때 한국어 관련 전공의 교과과정은 전문성과 복합성이 반드시 결부되어야 한다.

전문성의 경우, 한국어 듣기, 말하기, 읽기, 쓰기, 번역하기 등의 다섯 가지 기본기능, 그리고 한국언어학, 번역학, 한국어교육, 한국문학, 중·한 비교문학, 한국문학사, 한반도 사회와 문화, 교차문화연구, 지역 및 국가별 연구, 특수목적 한국어 등 면의 전공지식의 전수를 위한 교과목 배정이 충분히 고려되어야 한다. 그리고 교과목의 구성에서부터 전공방향의 분류와 설정, 필수과목과 선택과목, 이론교과목과 실천교과목 학점과 수업시간의 배분, 학기 배당, 주당 수업시수, 필요 학점 등을 합리적으로 설정을 해야 할 것이다.

복합성의 경우, 한국어 관련 전공의 전문성을 보장하는 전제 하에서 복합성 인재 양성에 착안점을 두어야 한다. 현재 중국 정부에서는 단일한 전공이 아닌 타 전공과의 융합발전을 적극 유도하고 있다. 한국어 관련 전공의 경우, 중국어, 영어, 일본어, 교육학 등 인문사회계열, 경영학, 무역학, 금융학, 관광학 등의 상경 계열, 컴퓨터 공학, 전자공학, 생명공학 등 공과계열의 전공분야와도 공동협력, 융합발전을 꾀할 수 있다.

③ 기능성과 실천성

중국대륙의 한국어학과를 바라보면, 일부 연구형 대학을 제외하고 대부분의 대학에서는 취업을 주목적으로 한국어 교육을 실시하고 있다. 때문에 한국어 교육의 기능성과 실천성을 충분히 보장해야 한다. 특히 중국의 실용형 대학에서는 인재양성에 있어서 "基础理论实用，专业知识管用，职业技能好用(기초이론은 실용적이어야 하고 전공지식은 유용해야 하며 직업기능은 사용하기 편리해야 한다)"이라는 원칙을 지킬 것을 적극 권장하고 있는데 말 그대로 실용 인재 양성에 착안점을 두고 있다.

학계의 일각에서는 중국대학의 한국어학과의 교과과정을 보면 너무 언어능력 중심으로 배정되어 있고 한국문화, 문학 관련 수업이 적기 때문에 결과적으로 한국대학의 어학당 수준에 상당하다고 꼬집고 있는데 이는 잘못된 인식이다. 중국에서의 한국어 교육은 사실상 한국에서 말하는 '외국인을 위한 한국어 교육'에 해당하며 이는 한국 국내의 국어국문학과 혹은 한국학학과와는 엄연히 다르다. 앞에서 언급했다시피, 중국대학에서의 한국어 교육은 대부분 취업을 주목적으로 하는 만큼 한국어 기본능력 향상이 선행되어야 함은 자명한 일이며 문화나 문학교육에 치우치게 되면 학생들의 언어능력은 보장하기 어렵기 때문이다. 물론 연구형 대학에서는 대학원 연계교육의 일환으로 문화, 문학 관련 수업에 상대적으로 비중을 실어 진행하는 경우도 존재한다. 일반적으로 볼 때, 중국대학의 한국어학과에서는 한국어 듣기, 말하기, 읽기, 쓰기 등의 네 가지 기본기능을 1~2학년 때 기본적으로 익히게 되어 있으며 3~4학년에 가서는 한중통번역, 동시통역, 한국의 사회와 문화, 한국언어학개론, 한국문학개론, 한중언어문화론, 한국문학사, 한국문화특강, 한국문학작품선독 등의 번역능력과 전공능력 향상을 위한 전공심화 교과목을 이수함과 동시에, 경우에 따라 복합성 인재양성을 위한 경영학, 무역학, 금융학, 관광학 등의 상경 계열 혹은 컴퓨터 공학, 전자공학, 생명공학 등의 공과계열의 학점도 이수하기도 한다. 그리고 제8학기에는 일반적으로 전공실습을 배정하며 동시에 졸업논문도 완성해야 한다.

현재 중국의 4년제 대학을 보면 7학기 혹은 8학기 동안 수업을 진행하는 학교도 있지만 최근에 들어 취업을 주목적으로 하는 대학에서는 "2+1+1" 모델을 많이 활용하고 있으며 특히 사립대학에서 이러한 모델을 적극 권장하고 있다. '2+1+1' 모델이란 2년은 전공기초 교과목을, 1년은 전공심화 교과목을, 마지막 1년은 전공실습과 졸업논문을 완성하는 구조이다. 다시 말하면, 마지막 1년은 업체와의 협력 하에서 그 학점을 이수하게 되어 있다. 사실상 학교 내에서 진행되는 교수학습은 3년으로 끝나는 셈이다. 이러한 모델은 학습 시수가 상대적으로 적어 전공기초 부족 우려 등과 같은 문제점을 가져온다는 지적도 있지만, 학생들이 현장에서 약 1년 동안 전공실습을 진행하면서 현장 적응능력을 키우고 취업률을 높이는 등 장점도 가지고 있기에 보다 체계적이고 효율적인 활용이 필요하다고 본다.

④ 지역화와 국제화

현대 대학의 기본기능으로 "인재 양성, 과학 연구, 사회봉사, 문화 전승(傳乘)" 네 가지가 있다. 때문에 한국어학과에서도 이에 걸맞게 지역사회에 봉사할 수 있는 인재 양성을 꾀해야 할 것이다. 그리고 한국어교육의 더욱 큰 발전을 위해서라도 지역특성에 맞는, 학과의 유형에 따른 차별화된 교육, 맞춤형 교육이 필요하다. 지역사회마다 수요하는 인재 상이 다소 다르기 때문에 그 지역사회가 수요하는 인재 양성에 초점을 맞추어야 한다. 예를 들어, 방언이 심한 지역에서는 '현지 방언+한국어', 관광산업이 발달한 지역에서는 '가이드+한국어', 각종 회의, 행사가 많은 지역에서는 "이벤트+한국어" 등의 특화된 프로그램을 실시할 필요가 있다.

그리고 최근 들어 중국의 각 대학에서는 국제화를 특별히 중요시하고 있으며 "学生的国际化、教师的国际化、科研的国际化、课程的国际化（학생의 국제화, 교수의 국제화, 학술연구의 국제화, 교과과정의 국제화）"를 호소하고 있다. 특히 교과과정의 국제화를 통해 빠른 시일 내에 해외 유수대학과의 접목을 유도하려는 것이다. 그 예로 중·외 공동 교과과정 운영을 들 수 있다. 현재 중국대학의 한국어학과에서는 중·한 공동 교과과정 개발과 활용을 적극 추진하며 '한국어+전공', '2+2', '2.5+1.5', '3+1', '3.5+0.5' 등 다양한 모델을 실시하고 있는데 긍정할 만한 효과를 거두고 있다. 특히 길림대학교 주해캠퍼스의 경우, "3·50계획" 즉, 재학생의 50% 이상을 한국 유학 파견, 재직교수의 50%

이상을 한국인 교수 유치, 졸업생의 50% 이상을 한국인 기업에 실습·취업하는 모델을 10년 넘어 실시해 왔는데 괄목할 만한 성과를 거두었다고 할 수 있다. 이로부터 볼 때, 지역화와 국제화는 서로 대립된 존재가 아니며 상호 보완하고 상호 촉진하는 역할을 하고 있는 것이다.

⑤ 현실성과 미래 지향성

교과과정의 현실성에는 현지 교육부의 교과과정에 대한 제도적인 요구, 본교의 학교운영 특성, 교육목표, 교수진의 교육 연구능력, 해당 전공학생의 수용능력, 관련 교과목의 교재 개발 현황, 지역사회의 인재 수요 상황 등이 고려되어야 한다. 일반 실용형 대학에서 연구형 명문대학의 교과과정을 모델로 할 수 없으며, 반대로 대학원 진학을 주목적으로 하는 대학에서 취업을 주목적으로 하는 실용형 대학의 교과과정을 모방할 수는 없는 것이다. 말 그대로 현실에 맞는 교과과정을 편성해야 한다.

중국대학에서의 한국어교육을 보면 절대다수가 가, 나, 다, 라 등 기초로부터 시작한다. 한국어기초가 전혀 없는 학생들이 2년 혹은 2년 반 정도의 수업을 통해 한국어능력을 충분히 갖춘다는 것은 그리 쉬운 일이 아니다. 일부 대학들에서는 전공 필수 교과목인 '한국문학사', '한반도 사회와 문화' 등을 3학년 1학기 혹은 3학녀 2학기에 배정하고 한국어로 강의를 진행한다고 하는데 1~2학년 때 한국어 기반을 튼튼히 다져주지 않는다면 이는 학생들의 지식 수용 한계를 벗어나게 된다. 물론 같은 한국어학과라도 소속대학의 유형에 따라 수준 차이는 존재하겠지만 이러한 교과목을 4학년 때 배정한다 할지라도 한국어로 수업할 경우, 관련 지식을 쉽게 수용할 수 있는 대학은 많지 않을 것으로 보인다. 이러한 교과목은 중국 교육부에서 정한 전공 핵심교과목으로 반드시 배정해야 하기에 학생들의 눈높이에 맞는 교재 개발, 효율적인 교수방법 모색 등이 선행되어야 한다.

그리고 교과과정에는 현실성에 착안점을 두되, 미래지향성도 고려되어야 한다. 4차 산업혁명[1]의 물결이 서서히 다가오고 있고 인공지능[2]이 우리 생활

---

[1] 인공지능으로 자동화와 연결성이 극대화되는 산업환경의 변화를 말한다.

[2] 인간의 학습능력과 추론능력, 지각능력, 자연언어의 이해능력 등을 컴퓨터 프로그램으로 실현한 기술을 말한다. 다시 말하면 인간의 지능으로 할 수 있는 사고, 학습, 자기 개발 등을 컴퓨터가 할 수 있도록 하는 방법을 연구하는 컴퓨터 공학 및 정보기술의 한 분야로서, 컴퓨터가 인간의 지능적인 행동을 모방할 수 있도록 하는 것을 인공지능이라고 말하고 있다.

각 영역에 빠른 속도로 확산되고 있는 오늘날, 우리의 한국어교육이 어떻게 급변하는 시대에 합류를 할 것인가 하는 것은 한국어 관련 전공의 교과과정 설계에 있어서 반드시 고려해야 할 부분이다. 지금과 같은 급변하는 시대에 중요한 것은 변화의 방향을 미리 읽고, 변화의 흐름을 주도해 가는 것이다. 새로운 변화에 따른 새로운 도전, 새로운 시각과 새로운 관점의 제기가 필요하며 현유의 울타리에서 벗어나 한발 앞서 미래를 바라보고 준비한다면, 변화에 끌려가지 않고 반대로 변화를 주도해 나갈 수 있을 것으로 믿어마지 않는다.

교과과정은 하나의 거대한 설계도라고 할 수 있다. 그 설계도를 총체적으로 파악하자면 거시적 접근이 필요하지만 내면세계를 알아보자면 미시적 접근이 필요하다.

1 언어교육과 문화교육

학계에서는 외국인(중국인)을 위한 한국어교육과 외국인(중국인)을 위한 한국문화교육에 대해 끊임없이 논의를 해왔고 어느 정도 의견 정립이 되었다고 할 수 있다. 특히 한국어교육에서 한국문화를 다루는 것은 이제는 선택사항이 아닌 필수사항이라는 점에 있어서 어느 정도 공감대가 형성됐다고 할 수 있다. 하지만 쟁점 또한 여전히 존재한다. 채호석(2011)에서는 '외국인을 위한 한국문화교육'이 '외국어로서의 한국어교육'의 틀에서 벗어나야 한다고 지적하고 있으며[1], 서영빈(2009)에서는 한국문화교육을 전공과목으로서의 <한국문화> 과목이 아니라 언어습득을 위한 교과과정 중에 포함된 문화교육을 특별히 지칭하여 논의하면서 "학습자 수요에 대한 분석과 학습자 특성에 대한 배려가 없는 일률적인 문화교육 내용과 방법론은 효과적인 문화교육이 될 수 없을 뿐 아니라 경우에 따라서는 목표언어 문화에 대한 심한 거부반응을 야기할 수도 있다"고 지적하고 있으며[2], 박철홍(2009)에서는 "한국문화교육이 한국어 교육과 결합되는 형식에서는 문화교육의 목적을 분명히 해야 한다. 요컨대 문화교육 자체에 목적이 있는지, 또는 한국어 교육에 수반되어 학습자의 한국어 의사소통 능력을 배양하는 데 중점이 있는지에 대해서 구분이 있어야 한다. 후자가 주목적이라면 문화교육은 언어에 내재되어 있는 문화지식의 이해와 함께, 사회적으로 관습화된 언어표현과 행위양식을 이해하여 한국어로서의

---

[1] 채호석, 「외국인을 위한 한국 문화 교육의 쟁점」, 한국어교육학회 제5차 국제학술대회 논문집 『글로벌 시대 한국언어문화교육의 쟁점과 전망』, 한국언어문화교육학회, 2011, 29쪽.

[2] 서영빈, 「한국문화교육, 그 이론과 실제의 거리」, 길림대학교 주해캠퍼스 제2회 한국학국제학술회의 논문집 『언어와 문화 그리고 인간』, 길림대학 주해캠퍼스 한국학연구소, 2009, 2쪽.

의사소통이 원활하게 이루어지도록 해야 할 것이다"고 지적하고 있으며[1], 민현식(2012)에서는 "문화 학습이 주가 되면 언어 능력은 늘지 않고 문화 이해와 체험만 높이기 쉽다. 따라서 외국어 문화교육은 언어 능력 함양이 제1의 목표이고 문화 이해는 제2의 목표일 수각은 없다."[2] 고 지적하고 있다. 이처럼 한국어교육을 바라보는 이론적 시각은 일정한 차이를 보이고 있다.

사실 동일한 한국어교육이라고 하여도 그 학과가 소속된 대학의 지리적 위치, 역사, 인재양성 유형과 목표, 교수진 구성, 신입생 충원율과 졸업생 취업률 등에 따라 크게는 한국어교육의 발전 방안뿐만 아니라 발전 방향이 다를 수 있으며, 작게는 한국어와 한국문화 관련 교과목의 설정 및 수업시간의 배정, 교수인력의 투입에도 서로 다를 수 밖에 없다. 특히 중국 내의 연구형대학과 실용형대학의 차이, 국공립대학과 사립대학의 차이, 4년제 대학과 전문대학의 차이로 인한 한국언어문화 교육의 차이는 당연한 일이며 그와 관련되는 이론 및 실천적인 연구 또한 차별화된 접근이 필요하다고 본다.

현재 중국대학의 한국어교육은 대부분 실용형 인재양성을 목표로 하기 때문에 한국어교육에서 학생들의 언어능력을 제고하는 것은 기본 요건이라 할수 있다. 그러므로 의사소통능력의 향상을 일차적인 목표로 정하는 것이 바람직하다고 본다. 그리고 "문화의 복합성과 역동성을 고려한다면 의사소통의 범주는 문화적 소통의 영역으로 확대되어야 한다. 문화 간 소통능력(intercultural communication ability)으로 그 개념을 확장할 필요가 있다."[3] 한국어교육의 교과과정 또한 이러한 인식 기초 위에서 차별화, 특성화되어야 한다.

중국대학의 한국어교육을 연구함에 있어서 한국언어와 한국문화 관련 교과목 강좌수, 수업시수, 학점에 대한 단순한 숫자통계를 바탕으로 교과과정의 우열을 쉽게 논하는 글들을 가끔 보게 되는데 이는 위험한 접근이 아닐 수 없다. 현재 중국대학의 한국언어·문화교육에 관한 논의는 단순히 옳고 그름 판단 차원의 게임이나 숫자 게임이 아닌, 내용학적 연구와 교과과정 실시 과정에 따른 특화된 실험적 연구가 필요한 상황이다. 따라서 여기에는 전문성이 필요하고, 충분한 시간 투입이 필요하며 차별화된 접근이 필요하다.

---

[1] 박철홍, 「문화상대주의와 문화 교육」, 길림대학 주해캠퍼스 제2회 한국학국제학술회의 논문집 『언어와 문화 그리고 인간』, 길림대학 주해캠퍼스 한국학연구소, 2009, 155쪽.

[2] 민현식, 「한국어 문화교육의 제반 문제」, 『한중인문학연구』 제35집, 한중인문학회, 2012, 4쪽.

[3] 우한용, 「한중 문화교류의 현황과 전망」, 『제27회 한중인문학회 국제학술대회 논문집』, 한중인문학회, 2011, 7쪽.

2 중·한 공동 교과과정

중·한 공동 교과과정은 학생들의 한국어실력, 한국문화의 이해력과 감각능력을 단기간에 집중 향상시키는 것은 물론, 현지의 교수진 문제, 전공 교과서 문제, 인재양성의 국제화 문제를 두루 해결할 수 있는 장점을 갖고 있다. 중국 대학의 한국어학과에서는 대부분 중·한 공동 교과과정을 운영하고 있다. 아래 범주강삼각주지역의 대학을 사례로 중·한 공동 교과과정 운영 상황을 살펴보도록 하겠다.

범주강삼각주지역에는 현재 국공립대와 사립대, 4년제 대학과 전문대를 포함하여 총 37개 대학에 한국어학과가 개설되어 있는데 그 중 18개의 4년제 대학에서 '한국어학과'를 개설하였고 19개의 전문대학에서 '응용한국어학과'를 개설하였다. 지역적으로 보면, 복건성과 귀주성의 대학에서는 아직 한국어학과를 개설하지 않고 일부 대학에서 교양으로 한국어교육을 실시하고 있으며, 한국과의 무역교류가 제일 활발하게 진행되고 있는 광동성 지역에는 한국어학과가 14개로 상대적으로 집중되어 있다. 그 다음으로 TV 등 매체를 통해 한류의 영향을 제일 많이 받고 있는 호남성 지역에 한국어학과가 6개로 비교적 많이 개설되어 있고 사천성, 운남성 등이 그 뒤를 잇고 있다.

표3-1 범주강삼각주지역 중·한 공동 교과과정 운영 현황

학교명칭	중·한 공동 교과과정 운영		
	3.5+0.5	3+1	2+2
길림대학 주해캠퍼스	○	○	○
광동외어외무대학		○	
광동외무대 남국상학원		○	
광동백운학원		○	
중산대학		○	
광서사범대학	○	○	
사천외국어대학		○	
서남민족대학		○	
호남사범대학		○	
호남이공학원		○	○
운남사범대학 상학원		○	

표3-1를 보면, 호남이공학원과 길림대학 주해캠퍼스가 3+1, 2+2 프로그램을, 광서사범대학과 길림대학 주해캠퍼스가 3.5+0.5프로그램을 실시하고 있는 것을 제외하고는, 그 외의 대학들에서는 3+1프로그램을 주로 실시하고 있다. 특히 중산대학교, 광동외어외무대학교, 광동외어외무대학교 남국상학원 등 학생모집 정원이 그리 많지 않은 대학들에서는 3학년의 전공심화 교과목을 모두 한국 자매대학에서 이수하기로 되어 있다. 한국으로의 학생 파견 규모를 보면, 길림대학 주해캠퍼스의 경우 매년 한국 자매대학으로 70~100명의 학생을 파견하고 있고, 광동외어외무대학은 약 40명, 광동외어외무대학 남국상학원은 50~60명, 사천외국어대학, 중산대학에서는 매년 20여 명을 파견하고 있다. 또한 각 대학의 한국 자매대학 보유 현황을 보면 길림대학교 주해캠퍼스가 약 30개 대학, 호남사범대학이 20여 개 대학 등 비교적 많은 반면, 단 한 개의 자매대학만 보유하고 있는 대학도 있어 자매대학 보유 규모 면에서 볼 때 대학 간 불균형이 큰 것을 볼 수 있다.

③ 교과목의 배분

중국대학의 한국어학과에서는 나름대로 전공 핵심 교과목과 일반교과목, 전공기초 교과목과 전공 교과목의 비율, 필수 교과목과 선택 교과목의 비율, 이론 교과목과 실천 교과목의 비율 등을 합리적으로 배정하기 위해 노력하고 있으며 일부 대학에서는 해마다 교과과정을 수정하거나 보완하고 있다. 하지만 교과목의 배분에 있어서 일정한 문제점이 존재한다.

전공선택교과목의 배정

일부 대학의 교과과정을 살펴보면 전공기초 선택교과목과 전공(심화) 선택교과목이 어느 정도 배정되어 있기는 하지만 차지하는 비율은 극히 제한되어 있다. 개설해 놓은 강좌수가 제한되어 있기 때문에 명색만 선택과목일 뿐이지 필수적으로 선택해야 할 교과목에 해당하는 경우가 많다. 왜냐하면 그러한 선택과목을 이수하지 않으면 학점 미달로 졸업에 영향을 받기 때문이다. 물론 정원 미달, 강사료 절약, 교수 역량 부족 등을 원인으로 드는 경우도 있겠지만 전공학생들의 다양한 교과목 선택 요구를 충족시킬 수 없는 한, 맞춤형 교육 혹은 주문식 교육은 이루어질 수 없는 것이다.

교양교과목의 배정

'외국어문학 국가표준'에 의하면 외국어계열 각 전공에서는 교양교과목을 배정해야 하는데 교양교과목은 공동 기초교과목과 학교급 교양교과목 두 가지로 나뉜다. 공동 기초교과목은 일반적으로 사상정치이론, 정보기술, 체육과 건강, 군사이론과 훈련, 창신·창업교육, 제2외국어 등 교과목을 포함한다. 학교급 교양교과목은 일반적으로 학생들의 지식소양, 도덕품격과 심신소질을 높이는 인문사회과학과 자연과학 관련 교과목을 포함한다.

중국대학에서는 국내 실정에 근거하여 일반적으로 '形势与政策' '军事理论' '思想道德修养与法律基础' '中国近代史纲要' '毛泽东思想和中国特色社会主义理论体系概论' '马克思主义基本原理' '当代世界经济与政治（문과필수선택）' '大学体育（一）' '大学体育（二）' '大学体育（三）' '大学体育（四）' '大学英语（一）' '大学英语（二）' '大学英语（三）' '大学英语（四）' '计算机文化基础' 등 교과목은 교양 필수과목으로 반드시 배정해야 하며, 2013년 9월 학기부터는 교과과정에 '创业教育' '就业指导'도 필수과목으로 추가 배정할 것을 요구하여 왔다. 이 외에도 교양 선택과목으로 일반적으로 최소한 8학점, 즉 네 과목 정도를 이수해야 한다. 이러한 연장선에서 보면, 일부 대학들에서 이렇게 많은 교양 관련 필수교과목을 1, 2, 3, 4학년에 나누어 배정하는 것도 이해가 가는 부분이다. 하지만 중국대학의 경우, 학년학점제이기 때문에 한국대학에서 실행하고 있는 완전학점제와는 현저한 차이를 보이고 있다. 3학년 혹은 4학년에 교양 필수과목을 배정하게 되면 1, 2학년 학생들은 그 교과목을 선택조차 할 수 없기 때문에 이수할 수가 없으며, 따라서 한국어학과 학생들이 3+1 혹은2+2 교환프로그램에 참여하는 데 큰 걸림돌이 되고 있다. 왜냐하면 이러 한교과목들은 대부분 한국에서 이수할 수 없는 과목으로 학점 교환에 직접적인 영향을 미치기 때문이다. 이러한 원인으로 일부 학교에서는 한국 유학을 포기하거나 혹은 1년 늦게 졸업하는 경우도 존재한다.

실천교과목의 배정

중국 교육부의 〈教育部关于进一步深化本科教学改革, 全面提高教学质量的若干意见〉(教高[2007]2号)①공문서에 의하면 실무형 인재교육 프로그램을 고도로 중요시하여 실험, 실습, 실천, 졸업논문 등 실무형 인재교육 프로그램을 대폭 늘리며 특히 전공실습과 졸업실습 등을 강화할 것을 요구하고 있다. 그리고 교과과정에 배정한 실무형 인재 교육 프로그램도 반드시 학점이 부여되어야

---

① 质量管理与教学督导处贯标动态网, 제3조항. http://www.wtc.edu.cn

한다. 중국 교육부의 2011년도 <普通高等学校本科教学工作合格评估实施办法> (教高厅[2011]2号)①에 의하면,인문사회과학계열 전공일 경우, 실천교과목의 학점이 졸업 학점의 20% 이상을 차지할 것을 요구하며 그렇지 못할 경우, 교육부 종합평가의 기본요구에 달하지 못하게 된다. 졸업 학점이 170학점일 경우, 실천 교과목 관련 학점은 최소한 34학점에 달해야 한다는 것이다. "외국어문학 국가표준"이 실시됨에 따라 길림대학 주해캠퍼스 등 일부 실용형 대학에서는 실천학점의 비율을 높여 졸업 학점의 25% 이상을 차지할 것을 요구하고 있다. 사실 국내 한국어학과 현행 교과과정을 살펴보면 실천 교과목의 학점이 20학점 미만인 대학도 존재하며 교육부의 요구 수치에 미치지 못하고 있다. 그리고 교육부에서는 학생들의 창의력 개발, 창업능력 개발을 위한 교과목 배정을 적극 권장하고 있지만 일부 대학들에서는 이론 교과목에 치우쳐 실천 교과목에 대해서는 관심이 부족하거나 설사 관련 교과목을 개설해 놓았을지라도 강의가 가능한 교수 혹은 교과서가 없는 경우도 존재한다. 앞으로 '외국어문학 국가표준'이 더욱 광범위하게, 더욱 엄격하게 적용됨에 따라 상기와 같이 존재하는 문제들은 조속히 해결될 것이다.

4 졸업 학점 및 수업시수

"외국어문학 국가표준"에 의하면 외국어계열의 각 전공에서는 총 학점을 일반적으로 150-180학점으로 정할 것을 요구하고 있다. 졸업 이수학점의 경우, 학교들마다 일정한 차이를 보이고 있지만 대체적으로 교육목표 실현에 필요한 수업시수를 충족시키고 있는 상황이다. 필자가 범주강삼각주 지역의 호남사범대학, 길림대학교 주해캠퍼스, 광동외어외무대학, 광동외어외무대학 남국상학원, 광동백운학원, 광서사범대학, 더 나아가 북경외국어대학, 상해외국어대학, 산동대학, 하얼빈공업대학 위해캠퍼스, 화중사범대학, 가목사대학, 천진사범대학, 산동이공대학, 상해상학원의 커리큘럼을 조사 분석한 결과에 따르면, 학점이 많게는 180학점에 달하는 학교가 있는 반면, 적게는 138학점을 유지하는 대학도 존재한다. 범주강삼각주지역의 대학의 경우, 대체적으로 160학점을 유지하고 있는 상황이다.

이수 학점의 많고 적음으로 커리큘럼의 우열을 논할 수는 없지만 결과적으로

---

① 『普通高等学校本科教学工作合格评估实施办法』, (教高厅〔2011〕2号) 12쪽.

이수학점은 전공 수업시간과 연관이 된다. 가, 나, 다, 라로부터 시작하여 기초부터 한국어를 배우는 학생들에게 얼마만한 시간을 투입하여 전공교육을 실시하는가 하는 것은 학생들의 전공실력과 밀접한 관련이 있다고 생각한다.

그리고 '2+1+1' 모델을 취하는 대학들을 보면 마지막 1년은 전공실습을 나가고 졸업논문을 작성하는 데 보내기 때문에 캠퍼스 내 수업은 사실 3년으로 끝나는 셈이다. 물론 '2+1+1' 모델은 학생들이 전공을 살릴 수 있는 기회를 충분히 보장해 주기에, 학생들의 창의력을 개발하고, 창업을 유도하며, 회사 업무에 적응하는 한편 졸업 후 진로 등에 대해 충분히 검토해 볼 수 있게 한다는 등 장점을 가지고 있다. 하지만 4년 동안 이수해야 할 교과목을 3년 만에 이수하려 할 경우, 주당 수업시간이 대폭 늘어날 수밖에 없다. 교양 교과목이 빼곡하게 배정되어 있는 1~2학년일수록 더욱 그러하다. 주당 수업시간이 기준치를 훨씬 초과하게 되면 학생들의 학습효율이 떨어지기 쉽다.

제5절 현행 교과과정에 대한 실증적 접근

　　교과과정 구성에서 실용적이고 효율적인 운영을 위해서는 학습자의 특성 및 요구 등을 조사하는 작업이 반드시 선행되어야 한다. 그리고 이를 변화하고 있는 국제적 흐름과 요구에 맞춰 융합해 나가야 한다.

　　한국어교육에 있어서 교과과정의 중요성을 인식하고 한국어 관련 인재 양성이라는 교육목표에 맞추어 각 학교의 특성에 적합한 교과과정 수립이 가장 중요하다고 본다. 학계에서는 이러한 문제의식을 공감하고 있으며 교과과정에 대한 연구 또한 적지 않게 진행해 왔다. 그 예로, 길림대학교 주해캠퍼스 한국학연구소에서는 자체적으로 현행 교과과정에 대한 설문조사를 실시하여[1] 수정과 발전을 모색해 왔으며 또한 그 조사결과를 바탕으로 국내외 석학 및 화남지역 한국어학과 여러 교수들이 참석한 가운데 "한국어학과 교과과정 및 교재 사용 현황"이라는 주제로 학술회의를 개최하기도 하였다.[2] 교과과정을 수립함에 있어서 먼저 올바른 교과과정 수립을 위한 필요성 인식과 실천의지가 자못 중요하다. 현재 중국대학의 한국어학과에서는 나름대로 전공 교과목과 교양 교과목의 비율, 전공기초 교과목과 전공 교과목의 비율, 필수 교과목과 선택 교과목의 비율, 이론 교과목과 실천 교과목의 비율, 언어와 문학 그리고 문화에 관한 교과목의 비율, 한국어와 영어의 비율 등을 합리적으로 배정하기 위해 노력하고 있으며 심지어 일부 대학에서는 해마다 교과과정 수정과 보완을 진행하고 있다. 그리고 타 학과나 타 대학 한국어학과의 모델을 단순히 모방하는 것을 벗어나 국내외 여러 외국어학과의 우수한 교과과정과 지역사회의 인재 수요 유형 등을 참고하여 자기 학과만의 특성을 살릴 수 있는 모델로 만들어 가기 위한 노력을 보이고 있다.

　　이에 본고에서는 한국어학과의 새로운 교과과정을 모색하기 위해 2016년 6월 길림대학교 주해캠퍼스 재학생 198명[3]을 대상으로 교과과정, 개별 교과목의

---

① 이인순·김율리(2011)에서는 07학번 55명, 08학번 43명, 09학번 83명, 10학번 79명, 총 205명을 상대로 길림대학교 주해캠퍼스 한국어학과 교과과정에 대해 진행한 설문조사 결과를 바탕으로 교과과정의 문제점과 개선방안을 제시하였다.

② 2011년 4월 8일 실시, 이 학술회의에는 주최측인 길림대학교 주해캠퍼스를 비롯하여 광동외어외무대학교, 중산대학교, 상해외국어대학교, 홍콩중문대학교 전업진수학원, 화남사범대학교, 한국외국어대학교, 수원대학교, 대구대학교 등이 참가하여 각 대학의 교과과정의 특징을 소개하고 문제점과 보완점 등을 교류하였다.

③ 길림대학교 주해캠퍼스 한국어학과는 2007년에 개설되어 2016년 6월까지 9년째 학생을 모집하였다.

만족도, 그리고 의견 사항 등에 대해 설문조사를 실시하였으며, 그 조사결과에 대한 집계, 분석을 통해 학생들이 현행 교과과정에 어느 정도 만족하고 있는지, 현행 교과과정이 가지고 있는 문제점은 무엇인지를 파악하고, 급변하는 교육 현실에 발맞추어 새로운 교과과정의 발전 방향을 모색하고자 하였다.

1 현행 교과과정의 구성

한국어학과의 현행 교과과정은 전공기초 필수교과목, 전공(심화) 필수교과목, 전공기초 선택교과목, 전공(심화) 선택교과목, 실천교과목의 다섯 종류로 분류된다.[①] 각각의 교과과정 구성을 살펴 보면 다음과 같다.

첫째, 전공기초 필수교과목 총 16개 교과목을 개설하고 있으며 '초급한국어 정독1' (8/8/1)[②], '초급한국어 정독2' (8/8/2), '중급한국어 정독1' (8/8/3), '중급한국어 정독2' (8/8/4), '고급한국어 정독1' (8/8/5), '고급한국어 정독2' (8/8/6), '초급한국어 듣기1' (4/2.5/1), '초급한국어 듣기2' (4/2.5/2), '중급한국어 듣기' (4/2.5/3), '고급한국어 듣기' (4/2.5/4), '초급한국어 회화1' (4/2.5/1), '초급한국어 회화2' (4/2.5/2), '중급한국어 회화' (4/2.5/3), '고급한국어 회화' (4/2.5/4), '한국어 범독1' (2/2/3), '한국어 범독2' (2/2/4)가 있다.

둘째, 전공(심화) 필수교과목 총 7개 교과목을 개설하고 있으며 '한중번역 1' (2/2/5), '한중번역2' (2/2/6), '한국어 문법' (2/2/5), '한반도 사회와 문화' (2/2/5), '중한 언어문화 비교' (2/2/6), '한국 문학작품 선독' (2/2/6), '한국문학 사' (2/2/6)가 있다.

셋째, 전공기초 선택과목 총 8개 교과목을 개설하고 있으며 '영어1' (4/2/1), '영어2' (4/2/2), '영어3' (4/2/3), '영어4' (4/2/4), '한국 문화 특강' (2/1/2), '한국 풍속예절' (2/1/2), '중급한국어 종합능력 배양1' (2/1/3), '중급한국어 종합능력 배양2' (2/1/4)가 있다.

넷째, 전공(심화) 선택교과목 총 15개 교과목을 개설하고 있으며 '관광 한국어' (2/2/5), '한국어 응용 작문1' (2/2/5), '비즈니스 한국어 회화1' (2/2/5), '한국 신문잡지 선독' (2/2/5), '고급한국어 종합능력 배양1' (2/1/5), '비즈니스 한국어' (2/2/6), '한국어 응용 작문2' (2/2/6), '비니지스 한국어 회화

본 설문조사에서는 한국어학과 재학생 198명이 참여하였으며 학년별로는 4학년(12학번) 90명, 3학년(13학번) 18명(한국 유학 중인 72명 제외함), 2학년(14학번) 90명이다. 1학년(15학번)은 접해 본 교과과정이 많지 않기에 설문조사 대상에서 제외하였다.

① 교양교과목은 본 설문조사에서 배제하였음을 밝혀둔다.

② 괄호 안의 숫자는 순서대로 교과목의 주당 시수/학점/교수 학기를 표시한다. 매 학번마다 수정된 양성 방안에 따라 시수 및 학점이 다른 교과가 있으므로 본고는 가장 최근인 2013년도(개정) 교과과정을 참고 하였다.

2'(2/2/6), '호텔 한국어'(2/2/6), '미디어 한국어'(2/2/6), '논문 작성법' (1/0.5/6), '고급한국어 종합능력 배양2'(2/1/6), '동시 통역'(2/2/7), '한국어 단기 기억 훈련'(2/2/7), '한국어 어휘학'(2/2/7)이 있다.

다섯째, 실천교과목 총 2개 교과목을 개설하고 있으며 '전공실습'(8주[①]/4/8) 과 '졸업논문'(15주/16/8)으로 구성되어 있다.

2 설문 문항 구성

설문 문항은 전공필수 교과목과 전공선택 교과목에 대한 주당 시수, 교과목 구성 등을 중심으로 구성하였다. 설문 문항은 아래와 같다.[②]

— 한국어학과 교과과정에 대한 만족도 조사 —

(1) 전공필수 교과목의 주당 시수는 적당하다고 생각합니까?

(적당 시수는 해당 학기 합계 시수를 고려해 선택, 부적당시 합계 시수를 고려해 적당 시수 기입)

표3-2 설문 문항 내용 #1

학기	교과목	현재 시수	시수 만족도					적당 시수
			매우 많음	약간 많음	적당	약간 적음	매우 적음	
1학년 1학기	초급 정독1	8						
	초급 듣기1	2						
	초급 회화1	2						
	합계	12						12
1학년 2학기 *선택중 한 과목 선택	초급 정독2	8						
	초급 듣기2	4						
	초급 회화2	4						
	한국 문화 특강(선택)	1(격주2)						
	한국 풍속 예절(선택)	1(격주2)						
	합계	17						17

[①] '전공실습'과 '졸업논문'은 시간이 아닌 주간으로 시수를 배정하고 있다.

[②] 설문조사는 4학년(12학번) 90명, 3학년(13학번) 18명, 2학년(14학번) 90명이 참여하였으며, 학년별로 문항에 약간의 가감이 있으나 모든 설문사항이 있는 4학년(12학번)의 설문문항을 첨부하기로 한다.

(속 표)

학기	교과목	현재 시수	시수 만족도					적당 시수
			매우 많음	약간 많음	적당	약간 적음	매우 적음	
2학년 1학기	중급 정독1	8						
	중급 듣기	4						
	중급 회화	4						
	범독1	2						
	중급한국어 능력시험 1(선택)	2						
	합계	20						20
2학년 2학기	중급 정독2	8						
	고급 듣기	4						
	고급 회화	4						
	범독2	2						
	중급한국어 능력시험 2(선택)	2						
	합계	20						20
3학년 1학기 * 선택교과목 중 4개 선택	고급 정독1	8						
	한중번역	2						
	한국어문법	2						
	한반도 사회와 문화	2						
	한국문학작품선독	2						
	한국어작문1 (선택)	2						
	직장한국어 회화1 (선택)	2						
	시사한국어1(선택)	2						
	관광한국어(선택)	2						
	고급 한국어 능력시험 1(선택)	2						
	합계	24						24

학기	교과목	현재 시수	시수 만족도					적당 시수
			매우 많음	약간 많음	적 당	약간 적음	매우 적음	
3학년 2학기 *선택 중 5개 교과목 선택	고급 정독2	8						
	중한번역	2						
	중한언어문화비교	2						
	한국문학사	2						
	한국어작문2 (선택)	2						
	직장 한국어 회화2 (선택)	2						
	시사한국어2 (선택)	2						
	비즈니스한국어 (선택)	2						
	영상한국어 (선택)	2						
	졸업논문쓰기 (선택)	1						
	고급 한국어 능력시험 2(선택)	2						
	합계	23						23
4학년 1학기	단기 기억 훈련 (선택)	2						
	어휘학(선택)	2						
	동시 통역(선택)	2						
	합계	6						6
4학년 2학기	전공실습	8주						
	졸업논문	15주						
	합계	23주						23주

(2) 전공필수 과목의 교과목 구성에 만족합니까? (   )

표3-3 설문 문항 내용 #2

학기	과목	교재명	적당 유무		부적당 이유
			적당	부적당	
1학년 1학기	초급 정독1	대학 한국어 1			
	초급 듣기1	한국어시청설 교정 1			
	초급 회화1	아름다운 한국어 1			
1학년 2학기	초급 정독2	대학 한국어 2			
	초급 듣기2	한국어시청설 교정 2			
	초급 회화2	아름다운 한국어 2			
	한국 문화 특강 (선택)	자체 제작			
	한국 풍속 예절 (선택)	자체 제작			
2학년 1학기	중급 정독1	대학 한국어 3			
	중급 듣기	한국어시청설 교정 3			
	중급 회화	아름다운 한국어 (중급1,2)			
	범독1	한국어열독 (중급 상)			
	중급 한국어 능력시험1 (선택)	자체 제작			
2학년 2학기	중급 정독2	대학 한국어4			
	고급 듣기	한국어시청설 교정 4			
	고급 회화	아름다운 한국어 (중급 3)			
	범독2	한국어열독(중급 하)			
	중급 한국어 능력시험2 (선택)	자체 제작			

(속 표)

학기	과목	교재명	적당 유무		부적당 이유
			적당	부적당	
3학년 1학기	고급 정독1	한국어 교정 5			
	한중번역	한중번역교정			
	한국어문법	외국인을 위한 한국어 문법			
	한반도 사회와 문화	자체 제작			
	한국문학작품선독	한국문학작품선독(상)			
	한국어작문1(선택)	자체 제작			
	직장한국어 회화1 (선택)	자체 제작			
	시사한국어1(선택)	자체 제작			
	관광한국어(선택)	자체 제작			
	고급 한국어 능력시험1 (선택)	자체 제작			
3학년 2학기	고급 정독2	한국어 교정 6			
	중한번역	중한번역교정			
	중한언어문화비교	한중언어문화론			
	한국문학사	한국문학사			
	한국어작문2(선택)	자체 제작			
	직장한국어 회화2 (선택)	자체 제작			
	시사한국어2(선택)	자체 제작			
	비즈니스한국어(선택)	자체 제작			
	영상한국어(선택)	자체 제작			
	졸업논문쓰기(선택)	자체 제작			
	고급한국어 능력시험2 (선택)	자체 제작			
4학년 1학기	단기 기억 훈련(선택)	자체 제작			
	어휘학(선택)	자체 제작			
	동시통역(선택)	한국어 통역 교정			

전공기초 필수- 초급/중급/고급 정독, 초급/중급/고급 듣기, 초급/중급/고급 회화, 한국어 범독
전공(심화) 필수- 한중번역, 중한번역, 한국어문법, 한반도 사회와 문화, 중한언어문화비교,
한국문학작품선독, 한국문학사

① 아주 불만족스럽다　　　② 불만족스럽다　　　　　　③ 보통이다
④ 만족스럽다　　　　　　 ⑤ 아주 만족스럽다

(2) -1. 불만족스럽거나 보통이라고 답했다면 그 이유는 무엇입니까?
① 수업시수가 부족하다　　② 난이도가 맞지 않다　　③ 흥미가 없다
④ 강의교수가 마음에 들지 않다　　　　　　　　　　⑤ 기타(　　　　　)

(3) 위의 교과목 중 필요하지 않다고 생각하는 교과가 있습니까?
① 있다 (이유:　　　)　　　　　② 없다

(4) 위의 전공교과목 중 선택 교과목으로 변경을 희망하는 교과가 있습니까?
① 있다 (과목명:　　)　　　　　② 없다

(5) 위의 교과목 외에 새로 개설을 희망하는 교과목이 있습니까?
① 있다 (과목명:　　)　　　　　② 없다

(6) 다음의 전공교과목은 어느 학기에 배우는 것이 적당하다고 생각합니까?

표3-4 설문 문항 내용 #3

과목명	1학년		2학년		3학년		4학년		강의 언어 (중국어/ 한국어)	강의 교수 (중국인/ 한국인)
	1학기	2학기	1학기	2학기	1학기	2학기	1학기	2학기		
한국 문화 특강									중, 한	중, 한
한국 풍속 예절									중, 한	중, 한
조선반도 사회와 문화									중, 한	중, 한
한중번역									중, 한	중, 한
중한번역									중, 한	중, 한
한국어문법									중, 한	중, 한
한국어작문1									중, 한	중, 한
한국어작문2									중, 한	중, 한

(속 표)

과목명	1학년		2학년		3학년		4학년		강의 언어 (중국어/ 한국어)	강의 교수 (중국인/ 한국인)
	1 학기	2 학기	1 학기	2 학기	1 학기	2 학기	1 학기	2 학기		
한국문학사									중, 한	중, 한
중한언어문화비교									중, 한	중, 한
시사한국어1									중, 한	중, 한
시사한국어2									중, 한	중, 한
비즈니스 한국어									중, 한	중, 한
중한교류사									중, 한	중, 한
동시통역									중, 한	중, 한
영상한국어									중, 한	중, 한
단기 기억 훈련									중, 한	중, 한
어휘학									중, 한	중, 한

강의 언어는 중국어, 한국어, 강의 교수는 중국인, 한국인 중 택일

(7) 전공선택 교과목의 구성에 만족합니까?

표3-5 설문 문항 내용 #4

전공기초 선택– 한국문화특강, 한국풍속 예절, 한국어 능력시험, 영어

전공(심화) 선택– 시사한국어, 한국어작문, 직장한국어 회화, 졸업논문 쓰기, 전자 비즈니스, 섭외예의, 국제무역실무, 호텔경영학, 고급영어회화, 영어 능력시험

① 아주 불만족스럽다　　② 불만족스럽다　　　③ 보통이다
④ 만족스럽다　　　　　⑤ 아주 만족스럽다

(7)–1. 불만족스럽거나 보통이라고 답했다면 그 이유는 무엇입니까?
① 수업시수가 부족하다　② 난이도가 맞지 않다　③ 흥미가 없다
④ 강의교수가 마음에 들지 않다　　　　　⑤ 기타(　　　　　)

(8) 선택교과목 수강 시 가장 중요시하는 것은 무엇입니까?
① 강의내용　　② 강사　　③ 성적　　④ 난이도　　⑤ 기타(　　　　)

(9) 위의 교과목 중 필요하지 않다고 생각하는 교과가 있습니까?

① 있다 (이유:)   ② 없다

(10) 위의 선택교과목 중 필수 과목으로 변경을 희망하는 교과가 있습니까?

① 있다 (이유:)   ② 없다

(11) 위의 교과목 외에 새로 개설을 희망하는 교과목이 있습니까?

① 있다 (이유:)   ② 없다

3 설문조사 결과 및 분석

중국 대학의 전공교과목 개설 수는 약간의 자율성이 있지만 주당 수업 시수는 일반적으로 제한을 받는다. 보통 주당 24시간을 넘지 않을 것을 권장한다. 또한, 모든 대학 교육에서는 공통 필수 교과목이 존재하는데 '形势与政策' '军事理论' '思想道德修养与法律基础' '中国近代史纲要' '毛泽东思想和中国特色社会主义理论体系概论' '马克思主义基本原理' '当代世界经济与政治（문과필수선택）' '大学体育（一）' '大学体育（二）' '大学体育（三）' '大学体育（四）' '大学英语（一）' '大学英语（二）' '大学英语（三）' '大学英语（四）' '计算机文化基础' 등이 이러한 예이다. 길림대학교 주해캠퍼스는 이러한 공통 필수 교과목과 주당 시수를 감안해 '한국어 정독', '한국어 듣기', '한국어 회화'의 3개 교과목은 1, 2학년 모든 과정의 필수 과목으로 배정하고 있으며 1학년 2학기부터 '한국 문화 특강', '한국 풍속 예절'과 같은 전공선택 교과목을 추가해 교과목의 선택폭과 시수를 조절해 가고 있다.

1 강의 시수

강의 시수 만족도는 모든 강의를 들었던 4학년(90명)만을 대상으로 실시하였다. 이는 3학년의 경우 유학 중인 학생 비율이 80%(90명 중 72명 유학 중)이며, 2학년의 경우 교과과정의 일부분만을 접해보았기 때문이다.

(1) 1학년 1학기 강의 시수 만족도

1학년 1학기의 전공교과목 시수는 12시간으로 배정하였다. 구체적으로 '초급 정독1'을 주당 8시간, '초급 듣기1'을 주당 2시간, '초급 회화1'을 주당 2시간 배정하고 있다.

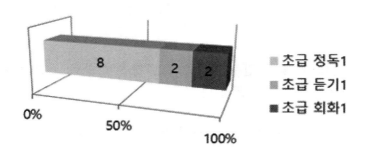

그림3-1 1학년 1학기 전공 시수 배정

설문조사 결과 '초급 정독1'의 경우 71명(79%), '초급 듣기1'의 경우 87명 (97%), '초급 회화1'의 경우 74명(82%)이 '적당하다'라고 답하였다. '초급 정독1'의 경우 '약간 많다' 또는 '매우 많다'라는 의견(19명, 21%)과, '초급 회화1'의 경우 '조금 적다'라는 의견(15명, 17%)도 있었는데, 이는 '정독 교 재가 너무 쉽다', '회화 수업이 많았으면 좋겠다'라는 의견이 반영된 결과이다.

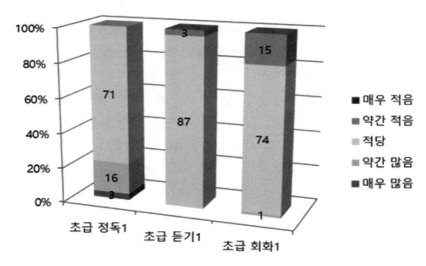

그림3-2 1학년 1학기 전공 시수 만족도

(2) 1학년 2학기 강의 시수 만족도
1학년 2학기의 전공교과목 시수는 17시간으로 배정을 하였다. 이에 '초급 정독 2'를 주당 8시간, '초급 듣기2'를 주당 4시간, '초급 회화2'를 주당 4시간, '한국 문화 특강'과 '한국 풍속 예절'을 주당 1시간(선택 과목)으로 배정하고 있다.

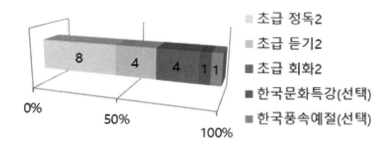

그림3-3 1학년 2학기 전공 시수 만족도

　설문조사 결과 '초급 정독2'의 경우 78명(87%), '초급 듣기2'의 경우 87명(97%), '초급 회화2'의 경우 78명(87%), '한국 문화 특강'의 경우 88명(98%), '한국 풍속 예절'의 경우 88명(98%)이 '적당하다'라고 답하였다. '초급 정독2'의 경우 '약간 많다' 또는 '매우 많다'라는 의견(12명, 13%)도 있었는데, 이는 '정독 교재가 너무 쉽다'라는 의견이 반영된 결과이다.

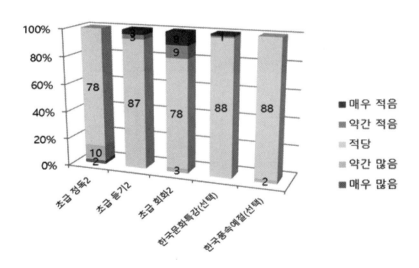

그림3-4 1학년 2학기 전공 시수 만족도

(3) 2학년 1학기 강의 시수 만족도

　2학년 1학기의 전공교과목 시수는 20시간으로 배정을 하였다. 이에 '중급 정독1'을 주당 8시간, '중급 듣기'를 주당 4시간, '중급 회화'를 주당 4시간, '범독1'을 주당 2시간, '중급 한국어 능력시험1'을 주당 2시간(선택교과목)으로 배정하고 있다.

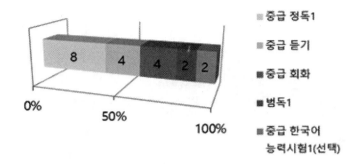

그림3-5 2학년 1학기 전공 시수 배정

설문조사 결과 '중급 정독1'의 경우 80명(89%), '중급 듣기1'의 경우 82명(91%), '중급 회화'의 경우 80명(89%), '범독1'의 경우 86명(96%), 중급 한국어 능력시험1'의 경우 85명(94%)이 '적당하다'라고 답하였다. '중급 정독1'의 경우 '약간 많다' 또는 '매우 많다'라는 의견(9명, 10%)이 존재했는데, '중급 회화'와 '중급 한국어 능력 시험1'의 경우 오히려 '약간 적다'라는 의견이 존재했다. 이는 '정독 교재가 너무 쉽다', '한국어 회화 시간을 늘렸으면 좋겠다', '한국어 능력 시험 관련 문제 풀이 시간이 많았으면 좋겠다'의 요구에 따른 것으로 풀이될 수 있다.

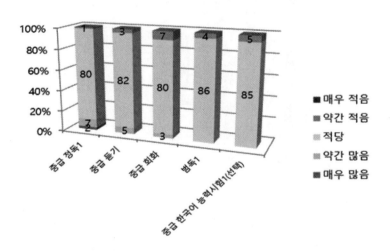

그림3-6 2학년 1학기 전공 시수 만족도

(4) 2학년 2학기 강의 시수 만족도

2학년 2학기의 전공교과목 시수는 20시간으로 배정을 하였다. 이에 '중급 정독2'를 주당 8시간, '고급 듣기'를 주당 4시간, '고급 회화'를 주당 4시간, '범독2'를 주당 2시간, '중급 한국어 능력시험2'를 주당 2시간(선택교과목)으로 배정하고 있다.

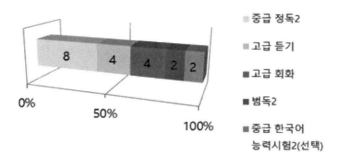

그림3-7 2학년 2학기 전공 시수 배정

설문조사 결과 '중급 정독2'의 경우 50명(56%), '고급 듣기'의 경우 83명 (92%), '고급 회화'의 경우 82명(91%), '중급 한국어 능력시험2'의 경우 84 명(93%)이 '적당하다'라고 답하였다. '중급 정독2'의 경우 이전 학기와는 달리 '약간 적다' 또는 '매우 적다'라는 의견(38명, 42%)이 많았는데 이는 '중급 정독 본문이 어렵다', '중급 정독 연습 문제가 어렵다', '설명 시간이 좀 더 필요하다' 등의 요구에 따른 것이었다.

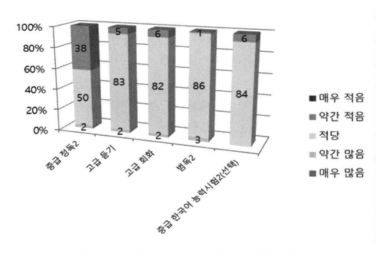

그림3-8 2학년 2학기 전공 시수 만족도

(5) 3학년 1학기 강의 시수 만족도

3학년 1학기의 전공교과목 시수는 24시간으로 배정을 하였다. 이에 전공필 수 교과목으로는 '고급 정독1'을 주당 8시간, '한중번역'을 주당 2시간, '한국어문법'을 주당 2시간, '한반도 사회와 문화'를 주당 2시간, '한국 문화작품 선독'을 주당 2시간 배정하고 있다. 또한 선택 과목으로는 '한국어작문1'을 주당 2시간, '직장한국어 회화1'을 주당 2시간, '시사한국어1'을 주당 2시간,

'관광한국어'를 주당 2시간, '고급 한국어 능력시험1'을 주당 2시간 배정해 선택의 폭을 넓혀 주고 있다.

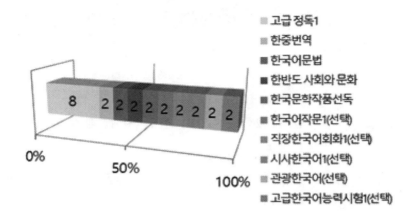

그림3-9 3학년 1학기 전공 시수 배정

설문조사 결과 대체적으로 '적당하다'라고 답하였다. 다만 '한중 번역'과 '한국어문법'의 경우 '약간 적다'라는 의견(한중번역 33%, 한국어문법 21%)이 있었다. 이는 '한중번역이 조금 어렵다', '번역 수업시간이 더욱 필요하다', '더욱 많은 문법 설명이 필요하다' 등의 요구에 따른 것으로 풀이될 수 있다.

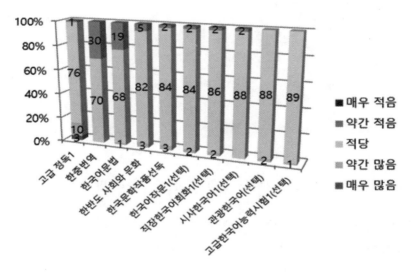

그림3-10 3학년 1학기 전공 시수 만족도

(6) 3학년 2학기 강의 시수 만족도

3학년 2학기의 전공교과목 시수는 23시간으로 배정을 하였다. 이에 전공필수 교과목으로는 '고급 정독2' 를 주당 8시간, '중한 번역' 을 주당 2시간, '중한 언어문화 비교' 를 주당 2시간, '한국문학사' 를 주당 2시간 배정하고 있다. 또한 선택교과목으로는 '한국어작문2' 를 주당 2시간, '직장한국어 회화2' 를 주당 2시간, '시사한국어2' 를 주당 2시간, '비즈니스한국어' 를 주당 2시간, '영상한국어' 를 주당 2시간, '졸업논문 쓰기' 를 주당 1시간, '고급 한국어 능력 시험2' 를 주당 2시간 배정하고 있다.

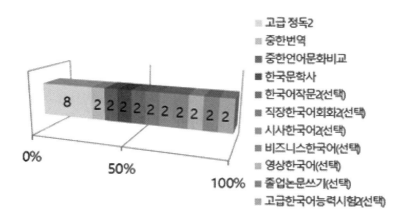

그림3-11 3학년 2학기 전공 시수 배정

설문조사 결과 대체적으로 '적당하다' 라고 답하였다. 다만 '중한 번역' 은 '약간 적다' 또는 '매우 적다' 라는 의견(16명, 18%)이 있었다. 이는 '번역 수업이 어렵다', '번역 시간이 좀 더 있었으면 좋겠다' 등의 요구에 따른 것으로 풀이될 수 있다.

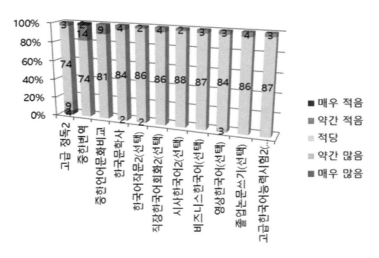

그림3-12 3학년 2학기 전공 시수 만족도

(7) 4학년 1학기 강의 시수 만족도

4학년 1학기는 졸업논문을 준비하는 기간으로 전공 선택교과목 시수는 6시간으로 배정을 하였다. 이에 모두 선택 과목으로 '단기 기억 훈련'을 주당 2시간, '어휘학'을 주당 2시간, '동시 통역'을 주당 2시간 배정하고 있다.

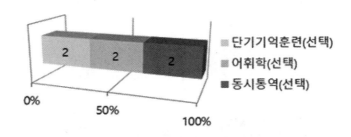

그림3-13 4학년 1학기 전공 시수 배정

설문조사 결과 대체적으로 '적당하다'라고 답하였다. 다만 '단기 기억 훈련'은 '약간 많다' 라는 의견(10명, 11%), '동시 통역'은 '약간 적다' 라는 의견이 있어 '동시 통역' 수업을 좀 더 요구하고 있음을 알 수 있다.

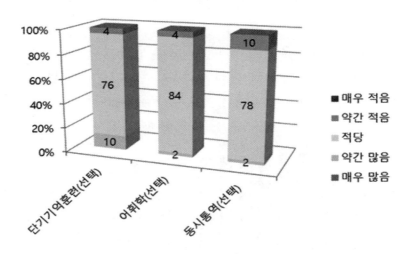

그림3-14 4학년 1학기 전공 시수 만족도

(8) 4학년 2학기 강의 시수 만족도

4학년 2학기는 졸업논문 완성과 취업을 준비하는 기간으로 '전공실습', '졸업논문' 만 개설하고 있다. 이 시기 강의는 시간적 계산이 아닌 주간 계산으로 '전공실습' 8주, '졸업논문' 15주를 배정하고 있다.

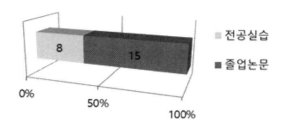

그림3-15 4학년 2학기 전공 시수 배정

　설문조사 결과 대체적으로 '적당하다'라고 답하였다. 다만 '전공실습'의 경우 '졸업논문'에 비해서는 '약간 적다'라고 느끼고 있는 반면 '졸업논문'은 '약간 많다'라고 느끼고 있었다.

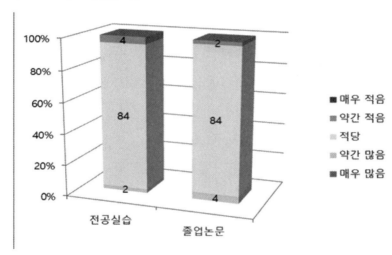

그림3-16 4학년 2학기 전공 시수 만족도

② 전공필수 교과목 구성

　현행 전공필수 과목은 전공기초 필수교과목과 전공(심화) 필수교과목으로 나누어져 있다. 전공기초 필수교과목으로는 초급·중급·고급 정독, 초급·중급·고급 듣기, 초급·중급·고급 회화, 한국어 범독이 있고 이를 통해 학생들이 한국어 기초를 닦을 수 있도록 하고 있다. 또한 전공(심화) 필수교과목으로는 한·중번역, 중·한번역, 한국어문법, 한반도 사회와 문화, 중·한 언어문화 비교, 한국 문학작품 선독 등을 구성하여 다양한 교과목을 통해 한국어 실력 향상을 도모하고 있다.

(1) 전공필수 교과목 구성에 대한 만족도

2016년 6월 설문조사를 통해 한국어학과 학생 198명에게 현재 전공필수 교과목 구성에 대한 만족도를 조사한 결과 4%의 학생이 '아주 만족한다.' 라고 답했고 '만족한다.' 라고 답한 학생도 63%에 달했다. 만족 이상의 응답자가 67%, 보통 이상이라고 답한 응답자가 96%에 달하는 것으로 보아 현행 전공필수 교과목 구성은 비교적 잘 되어 있는 것으로 나타났다.

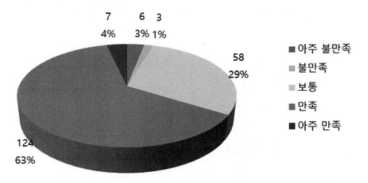

그림3-17 전공 필수 과목 구성 만족도

(2) 전공필수 교과목 구성의 불만족 원인

전공필수 교과목 구성에 대해 보통 이상의 평가를 내린 응답자가 96%에 달해 이미 만족할 만한 결과를 얻었지만, 좀 더 완벽한 교과과정을 만들기 위해 '불만족한다' 라고 답한 4%의 응답자를 대상으로 그 이유를 조사하였다. 그 결과 현재의 교과목이 '난이도에 맞지 않는다' 라고 답한 응답자가 67%를 차지했는데 '어떤 교과는 너무 쉽고 어떤 교과는 너무 어렵다' 라는 의견이 많았다. 기타 의견으로는 '흥미가 없다', '실용성이 없는 것 같다', '비슷한 교과목이 있는데 색다른 교과목 개설을 희망한다' 등이 있었다.

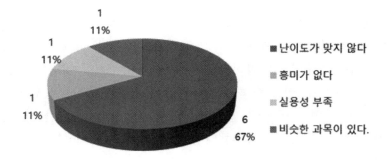

그림3-18 전공 필수 과목 불만 원인

(3) 현행 전공필수 교과목 중 폐강을 희망하는 교과목

'현행 전공필수 교과목 중 필요하지 않다고 생각하는 교과목이 있습니까?'라는 물음에 4학년의 10% 응답자가 '있다' 고 답한 반면 3학년은 6%, 2학년은 모두 '없다' 라고 답했다. 폐강을 희망하는 교과목에서는 '한국문학사', '관광한국어', '한중번역', '한국 언어문화 비교' 순으로 폐강을 희망한다고 답했다. 폐강 이유로 '관광한국어' 는 '난이도가 낮아 새로운 지식의 습득이 불가하다' 는 의견이 있었고, 반대로 '한중번역', '한국 언어문화 비교' 는 '난이도가 너무 높아 학습 효율이 떨어진다.' 라는 의견이 있었다. '한국문학사' 도 '난이도가 높고 실용적이지 않다' 는 의견이 있었는데 대부분 난이도 조절이 원만치 않아 학생들의 외면을 받는 것으로 드러났다. 난이도 부분에서 볼 때 교과서의 선택, 교수의 강의 내용, 교수의 강의 방식 등도 어느 정도 영향을 미칠 수 있는 바 이는 차후 고민해야 할 부분이라 생각한다.

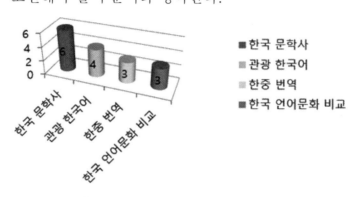

그림3-19 폐강 희망 전공 필수 과목

(4) 전공필수 교과목 중 선택교과목으로 변경을 희망하는 교과목

전공필수 교과목은 학생들의 선택 수강이 불가능한 교과목으로 3학년이 되어 반드시 수강해야 하는 교과목이다. '전공필수 교과목 중 선택교과목으로 변경을 희망하는 교과목이 있습니까?' 라는 물음에 4학년의 14% 응답자가 '있다' 라고 답했고 3학년은 11%, 2학년은 0%였다. 변경을 희망하는 교과명과 응답자 수는 폐지를 희망하는 교과목과 맥락을 같이 했다. 폐강을 희망하는 이유가 난이도 조절이 만족스럽지 못한 점을 볼 때, 해당 교과목을 선택교과목으로 변경한다는 것은 문제 해결의 바람직한 방법은 아니라고 본다.

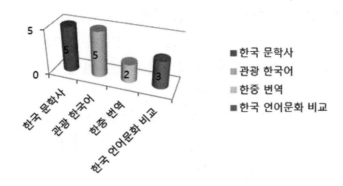

그림3-20 선택 과목으로 변경 희망하는 필수 과목

(5) 현재 전공필수 교과목 외에 새로 개설을 희망하는 교과목

'현재 전공필수 교과목 외에 새로 개설을 희망하는 교과목이 있습니까?'라는 물음에 4학년 10%, 3학년 30%, 2학년 2%의 응답자가 '있다' 라고 답해 실습을 앞둔 3학년이 다양한 교과목에 대한 요구가 높은 것으로 나타났다. 희망 교과목으로는 '관광가이드 한국어', '실용한국어', '한국 문화 체험' 등으로 한국 취업 또는 한국 유학과 밀접한 관계가 있었다. 그 외에 '한국 영화 감상'이나 '한국 드라마 감상' 개설을 원하는 요구도 있었다.

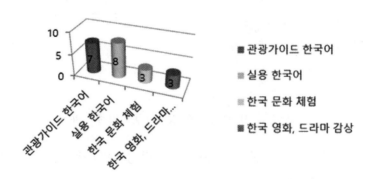

그림3-21 개설 희망 전공 필수 과목

③ 전공선택 교과목 구성

전공선택 교과목은 전공기초 선택교과목과 전공(심화) 선택교과목으로 나누어져 있다. 전공기초 선택교과목에는 '한국 문화 강좌', '한국 풍속 예절', '중급 한국어 종합능력 배양', '영어'가 있으며, 전공(심화) 선택교과목으로는 '관광한국어', '한국어 응용작문', '비즈니스한국어 회화', '한국 신문 선독', '비즈니스한국어', '한국어 단기 기억 훈련', '한국어 어휘학', '호텔한국어',

'미디어한국어', '논문 작성법', '동시통역', '고급한국어 종합능력 배양' 등을 배정하고 있다.

1, 2학년 과정에서는 공통 필수 교과목이 많이 존재하면서 전공기초를 쌓는 단계이므로 1학년 과정에서는 '한국 문화 특강'과 '한국 풍속 예절', 2학년 교과과정에서는 '중급 한국어 능력 시험'만 선택 교과목으로 배정하고 있으며 3학년부터는 자신의 흥미와 수준에 맞는 교과목을 선택해 수강할 수 있도록 다양한 선택교과목을 배정하고 있다.

(1) 전공선택 교과목 구성에 대한 만족도

2016년 6월 설문조사를 통해 한국어학과 학생 198명에게 현재 전공선택 교과목 구성에 대한 만족도를 조사한 결과 6%의 학생이 '아주 만족한다'라고 답했으며 '만족한다'라고 답한 학생도 72%에 달했다. 만족 이상의 응답자가 78%, 보통 이상이라고 답한 응답자가 96%에 달하는 것으로 보아 현행 전공 선택 과목 구성은 대체적으로 잘 되어 있는 것으로 보인다.

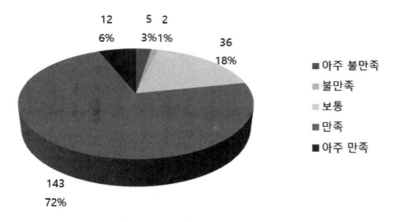

그림3-22 선택 과목 구성 만족도

(2) 전공선택 교과목 구성의 불만족 이유

전공선택 교과목 구성에 대해 보통 이상의 평가를 내린 응답자가 96%에 달해 이미 만족할 만한 결과를 얻었지만, 좀 더 완벽한 교과과정을 만들기 위해 '불만족한다'라고 답한 4%의 응답자를 대상으로 그 이유를 조사해 보았다. 그 결과 '수업시수가 적어 좀 더 늘렸으면 좋겠다'라는 의견이 많았으며, 그 외 '난이도가 맞지 않다', '흥미가 있는 과목이 없다', '강의 교수가 적절하지 않은 것 같다'라는 의견도 있었다.

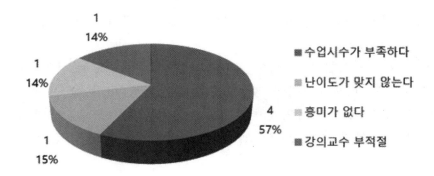

그림3-23 선택 교과목 불만 원인

(3) 전공선택 교과목 강의 언어 및 강의 교수 희망

　'전공선택 교과목 수강 시, 강의 언어는 중국어로 하는 것이 좋은지, 한국어로 하는 것이 좋은지?'와 '강의 교수는 한국인이 좋은지, 중국인이 좋은지?'에 대한 설문조사를 4학년을 대상으로 진행하였다. 설문조사 결과 강의 언어는 19개 전공선택 교과목 중 '한국 문학작품 선독', '한국문학사', '어휘학'을 제외한 16개 교과목에서 한국어로 강의하는 것을 선호하였다. 강의 교수는 '시사한국어 1', '어휘학'에서는 중국인 교수가 강의하는 것을 선호하였고, '중한교류사'는 어느 교수가 강의를 해도 무방한 것으로 나타났으며, 그 외 16개 과목에서는 한국인 교수가 강의하는 것을 더욱 선호하였다.

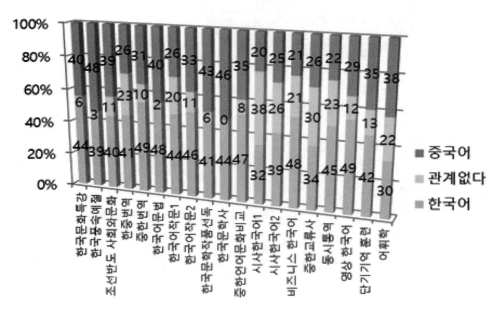

그림3-24 전공 선택 교과목 강의 언어

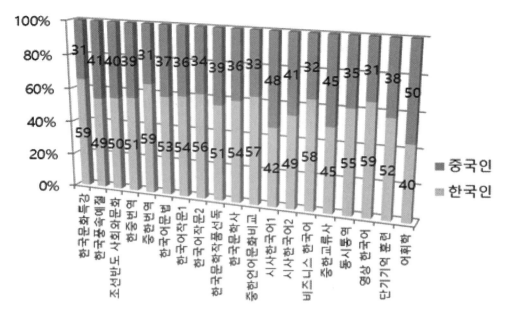

그림3-25 전공 선택 교과목 강의 교수

(4) 전공선택 교과목 수강 선택 기준

'전공선택 교과목을 수강할 때 어떤 점을 가장 중요시하나요?' 라는 질문에 77%의 학생이 '강의 내용을 가장 중시한다' 라고 답해 압도적 우위를 점했다. 그 다음으로는 '본인과 난이도가 적합하다고 생각되는지', '교과목을 강의하는 교수가 누구인지', '성적을 잘 받을 수 있는지' 등을 고려하였다.

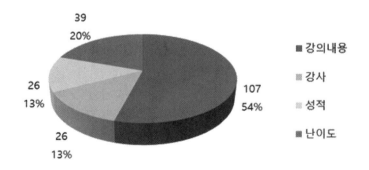

그림3-26 선택 교과목 선택 기준

(5) 전공선택 교과목 중 폐강을 희망하는 교과목

'전공선택 교과목 중 필요하지 않다고 생각하는 교과목이 있습니까?' 라는 물음에 4학년의 10% 응답자가 '있다' 라고 답한 반면 3학년은 6%, 2학년은 2%가 '있다'라고 답했다. 폐강을 희망하는 교과목에는 '어휘학', '단기 기억 훈련', '한국 문화 특강', '한국 풍속 예절' 순위였다. 폐강 이유로는 '어휘학' 과 '단기 기억 훈련'은 '난이도가 너무 높고 실용적이지 않다' 라는 이유를 들었으며, '한국 문화 특강' 과 '한국 풍속 예절' 은 반대로 '너무 쉽고 다른 교과목과 반복적으로 들어가는 내용이 많다' 라는 이유를 들었다.

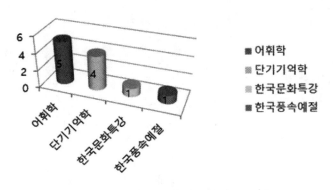

그림3-27 폐강 희망 선택 교과목

(6) 현재 전공선택 교과목 외에 새로 개설을 희망하는 교과목

'현재 전공선택 교과목 외에 새로 개설을 희망하는 교과목이 있습니까?' 라는 질문에 4학년은 2%, 3학년은 6%, 2학년은 3%의 응답자가 '있다' 라고 답했다. 새로 개설을 희망하는 교과목으로는 '케이팝 영상 문화' 가 많았으며 '고급실무영어', '호텔경영학', '국제무역실무' 등 취업에 필요한 교과목 개설을 희망하는 의견도 있었다.

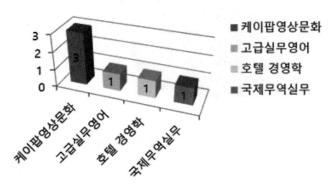

그림3-28 개설 희망 선택 교과목

4 시사점

본 설문조사는 현행 교과과정의 문제점을 분석하여 효과적이고 새로운 교과과정을 모색하기 위해 실행되었는데 이에 따른 몇 가지 시사점을 도출하자면 다음과 같이 요약할 수 있다.

첫째, 전공시수에 있어 회화(주당 4시간), 문법(주당 2시간), 번역(주당 2시간), 정독(주당 8시간) 수업에 대한 시수 조정이 필요할 것으로 보인다. 회화 수업의 경우 주당 4시간이지만 한국어로 대화할 수 있는 시간이 조금 더 많아지길 원하고 있으며, 문법과 번역 수업의 경우 난이도가 높아 주당 2시간은 조금 부족하다고 느끼고 있기에 증설이 필요할 듯 보인다. 반면, 정독 수업의 경우 비교적 쉬운 내용인데 주당 8시간 수업은 조금 많다고 느끼고 있었다. 이에 이들 교과목을 적절히 조절해 전공시수를 배정하는 것이 필요할 것이다. 혹은 관련 교재의 난이도를 적절히 조절하는 것도 문제해결의 좋은 해결책이 될 수도 있다.

둘째, 실용성을 중심에 둔 교과목 개설 또는 수업 개선이 필요할 것으로 보인다. 일부 교과목 특히 '관광한국어', '한국문학사', '어휘학', '단기 기억 훈련' 등의 교과목은 실용성이 떨어지고 과거 내용을 담고 있다고 하여 폐강을 원하는 학생도 있었다. 이에 실용성이 많이 가미되면서 미래지향적인 교과목 개설 또는 수업 개선이 필요할 것이다.

셋째, 케이팝 등 한국 실용 문화와 접목된 교과목 개설이 필요할 것으로 보인다. 관심 있는 분야를 수업에 접목시키는 것은 학습과 교육에 많은 시너지 효과를 준다. 특히 한국어를 접하게 되는 현재 세대들은 모두 케이팝에 관심이 많다. 이에 '케이팝 영상 문화'와 같은 교과목을 개설하여 학생들의 한국어 학습 흥미를 유발함과 동시에 한국어 교육을 극대화시키는 방안을 생각해 보는 노력이 필요할 것이다.

총체적으로 교과과정은 하나의 "계열 공정", "융합 공정"으로서 인재양성에 있어서 가장 핵심적인 "영혼"이라고 하여도 과언이 아니다. 교과과정 내의 각 요소, 그리고 교과과정 밖의 각 요소들은 유기적으로 결합되어 움직이고 있기 때문에 교과과정의 세부적인 단면도에 대한 판단, 개정, 개혁 등은 관련 요소들의 제약을 받기 마련이며 따라서 "진공상태에서의 교과과정에 대한 고립적인 연구"는 올바른 접근방식이라고는 하기 어렵다.

본 장절에서는 현행 한국어 관련 교과과정에 대하여 거시적 접근, 미시적 접근, 실증적 접근을 시도하여 보았다. 거시적 접근에서는 제도적 측면과 이론적 측면을 나누어 논의를 하였는데 제도적 측면에서는 중국교육부 대학 교수지도위원회(教育部高等学校教学指导委员会)에서 펴낸 『일반대학교 본과 전공별 교육의 질에 대한 국가표준(普通高等学校本科专业类教学质量国家标准)』의 '외국어문학 국가표준'을 토대로 교육목표, 교과목의 구성에 대하여 논의를 하였고 이론적 측면에서는 한국어 관련 교과과정의 일반성과 특수성, 전문성과 복합성, 기능성과 실천성, 현실성과 미래 지향성, 지역화와 국제화 등에 대하여 논의를 하였다. 그리고 미시적 접근에서는 언어교육과 문화교육의 배분, 중·한 공동 교과과정, 교과목의 배분 등에 대하여 논의를 하였다.

지금까지 적지 않은 저서나 연구논문들에서 중국대학의 한국어학과 교과과정에 대해 논의를 해 왔으며 여러 가지 쟁점도 존재하기는 하지만, 총체적으로 볼 때 이 방면에 거둔 연구 성과는 충분히 긍정할 만하다고 본다. 다만 중국이 워낙 지역적으로 넓고 한국어학과 개설 대학이 다양한 지역에 포진해 있는 데다 추구하는 인재양성 목표도 서로 다르기 때문에 특화된 교과과정 연구와 운영을 위한 노력이 더 필요하가고 생각된다. 특히 중국 내의 연구형 대학과 실용형 대학의 차이, 국공립대학과 사립대학의 차이, 4년제 대학과 전문대학의 차이로 인한 교과과정의 차이는 당연한 것이다. 따라서 교과과정에 대한 연구는 충분한 시간과 전문성이 필요하고 교과과정의 실시에 대한 실험적 연구뿐만 아니라 학과 유형에 따른 차별화된 접근도 필요하다.

제 4 장

한국어학과 교수진 및

교재 사용 현황 분석

제1절　교수진 현황 분석

1 선행연구

　그 동안 중국대학의 한국어학과 교수진에 대한 연구는 그리 많지 않다. 연도순으로 중국대학에서의 한국어 교수진에 대해 거시적으로 접근한 주요 논문들을 살펴보면, 최희수(2005)에서는 중국에서 한국어 교육에 종사하는 교사들의 상황에 대하여, 김병운(2006)에서는 교수들의 자질 향상, 한국어 교육 연구 수준의 향상 등 한국어 교육의 과제에 대하여, 김철(2008)에서는 한국어 교수진 현황 및 교수 양성 문제에 대하여, 전영근(2010)에서는 중국사립대학교 교사 실태에 대하여, 임향란(2010)에서는 서남지역에서의 한국어학과의 '교수 학력 및 성비', '교수 직함 및 민족 구성', '원어민 교수 채용 및 교수와 학생의 비례'에 대하여, 金善子(김선자, 2011)에서는 주강삼각주지역의 한국어학과의 교수진에 대하여, 허세립·이인순(2014)에서는 범주강삼각주지역의 교수진 현황에 대하여, 김용범 외(2017)에서는 '211공정대학', '985공정대학'을 중심으로 한국어문학과 및 전공 교수진 현황에 대하여 논의한 바 있다.[1]

　이 외에도 일부 연구논문들이 발표되었으리라 생각되는데 이러한 논문들의 공통점은, 내용적으로 중국대학에서의 한국어교육의 거시적 고찰, 서로 다른 시기에 서로 다른 측면에서 중국대학의 한국어학과의 교수진 현황을 살피고 존재하는 문제점들을 점검하며 해결책을 강구하려는 노력의 흐름으로 볼 수 있으며 앞으로의 중국대학에서의 한국어교육 연구에 좋은 자료들을 제공하여 주었다고 할 수 있다.

---

[1] 지면의 제한으로 관련 논문들을 일일이 나열하지 못하였음을 밝혀둔다.

2 교수진의 국가표준 및 문제점

1 교수진의 국가표준

'외국어문학 국가표준'에 의하면 교수진에 관한 국가표준 요구는 아래와 같다.

교수진 구성

외국어계열 전공은 반드시 요구에 부합되는 전임교수진이 있어야 하며 교육 및 연구팀을 구성해야 한다. 교수의 연령구조, 학연구조, 직함구조는 합리해야 한다. 조건이 허락되는 대학에서는 외국인 교수를 초빙해야 한다. 실용형 전공은 관련 업종의 지도교사를 초빙해야 한다. 각 전공은 전임교수가 최소한 6명 이상이어야 하며 일반적으로 박사학위 소지자여야 한다. 비통용어종 전공은 전임교수가 최소한 3명 이상이어야 하며 석·박사학위 소지자의 비율이 최소한 30% 이상이어야 한다. 학생 대 교수의 비율은 18:1을 초과하지 말아야 한다.[①]

교수의 자질

전임교수는 아래와 같은 자질을 갖추어야 한다.

첫째,『중화인민공화국교사법』,『중화인민공화국고등교육법』이 규정한 자격과 조건을 갖추어야 하며 관련 의무를 이행해야 한다.

둘째, 외국어문학 계열의 학술분야(學科) 혹은 관련 학술분야의 대학원 력이 있어야 한다.

셋째, 풍부한 전공지식이 있어야 하고 외국어 교학과 학습 이론, 방법에익숙해야 하며 교육학, 심리학 등 관련 학술분야에 일정한 지식이 있어야 한다.

넷째, 튼튼한 외국어 기본능력, 교학 설계와 교수능력, 수업조직과 관리능력, 현대교육기술과 교학수단의 활용능력, 그리고 교학에 대한 반성 및 개혁능력을 갖추어야 한다.

다섯째, 명확한 학술연구 방향과 연구능력을 갖추어야 한다. 외국인 교수 초빙에 있어서 반드시 구체적인 수요에 따라 상기 조항의 모든 적용 표준에 달해야 한다.[②]

---

① 外语类专业应有一支合格的专任教师队伍，形成教研团队。教师的年龄结构、学缘结构、职称结构应合理。有条件的高校应聘请外籍教师，应用型专业应聘请行业指导教师。各专业专任教师应不少于6人，一般应具有博士学位；非通用语种专业专任教师不少于3人，具有硕士、博士学位教师比例不低于30%。各专业生师比不高于18:1。

② 专任教师应具备以下要求：①符合《中华人民共和国教师法》《中华人民共和国高等教育法》规定的资格和条件，履行相关义务；②具有外国语言文学类学科或相关学科研究生学历；③具有丰富的专业知识，熟

교수의 양성

각 대학에서는 과학적인 교수양성계획과 제도를 만들어야 하며 학력교육, 재직 양성, 국내외 연수와 학술교류, 관련 업종에서의 실천 등 형식을 통하여 교수들로 하여금 끊임없이 새로운 교육이념을 갱신하고 지식구조를 업그레이드 하도록 해야 하며 전문적인 이론수준과 교학연구 능력을 높이도록 해야 한다.

교수는 평생 발전의 이념을 갖고 실현 가능한 발전계획을 세우고 끊임없이 교학수준과 연구능력을 높이도록 해야 한다.[①]

② 교수진의 문제점

그동안 학계에서는 중국대륙에서 한국어학과가 대폭 증설되는 것에 대한 우려의 목소리가 끊이지 않았다. 그 이유에 대해서 여러 가지로 생각해 볼 수 있겠지만, 제일 중요한 원인은 전문인재 양성에 있어서 필수 요건인 교수진 문제였다. "외국어문학국가표준"에 의하면 학생 대 교수의 비율이 18∶1을 넘어서는 안 된다고 명시되어 있다. 하지만, 지금까지 중국대학의 한국어 교육에 있어서 교수진 발전 역사를 돌이켜보면 평탄치 만은 않았다. 전영근(2010)에서는 중국 사립대학이 한국어교육을 논하면서 지역별 한국어학과 학생 대 교수의 비율이 북경−동북지역은 38∶1, 연해지역은 40∶1, 화남(광동, 광서)지역은 27∶1에 달하였으며 일부 대학의 경우 69∶1에 달하는 학과도 존재한다고 지적한 바 있다. 필자가 2014년 4월 30일 기준으로 범주강삼각주지역에 위치하고 있는 길림대학 주해캠퍼스, 광동외어외무대학, 광동외어외무대학 남국상학원, 광동백운학원, 중산대학, 광서사범대학, 사천외국어대학, 서남민족대학, 호남사범대학, 호남이공학원, 운남사범대학 상학원 등 11개의 4년제 대학을 상대로 실시한 설문조사 결과에 의하면 학생 대 교수의 비율이 평균 19∶1로 나타났다. (개별적으로 보면 8∶1의 낮은 비율을 유지하는 대학이 존재하는 반면 27∶1의 높은 비율을 유지하고 있는 대학도 존재하였다.) 이는 2010년에 비해 상당히 개선되었다고 할 수 있다. 하지만 여전히 오늘날의 '외국어문학국가표준' 요구에 못 미치고 있는 것이다. 학생 대 교수의 비율이 높게 되면 교수가 감당해야 할 주당수업시간 과다 혹은 한 개 학급의 학생 수 과다, 수업의

悉外语教学与学习的理论和方法，对教育学、心理学等相关学科知识有一定的了解；④具有扎实的外语基本功、教学设计与实施能力、课堂组织与管理能力、现代教育技术和教学手段的应用能力，以及教学反思和改革能力；⑤具有明确的学术研究方向和研究能力。外籍教师的聘任应根据岗位需要，达到上述条款中所有适用标准。

①　各高校应制定科学的教师发展规划与制度，通过学历教育、在岗培养、国内外进修与学术交流、行业实践等方式，使教师不断更新教育理念，优化知识结构，提高专业理论水平与教学和研究能力。
　　教师应树立终身发展的观念，制订切实可行的发展计划，不断提高教学水平和研究能力。

질 저하, 학술연구 참여도 부족 등의 문제로 이어지게 된다. 현 시점에 이르러 중국대학의 한국어학과의 교수진문제는 총체적으로 많이 개선이 되었고 학생 대 교수의 비율도 적당한 선을 유지하고 있다. 하지만 일부 실용형 대학에서는 학생 대 교수의 비율이 여전히 18 : 1을 넘어서고 있다.

지금까지 적지 않은 글에서 현재 중국대학의 한국어교육을 논함에 있어서 전공 관련 전문가급 교수 절대 부족, 한국인 교수와 중국인 교수의 비율, 조선족 교수와 漢族 교수의 비율, 교수진의 학력, 직함, 연령 등을 문제로 지적하고 있는데 모두 정확한 진단이라고 생각한다. 그 해결방법으로 우수한 교수진의 확보 또한 중요한데 석·박사 학위자의 비율을 늘리고 고위직함의 교수 비율을 점차적으로 높이고, 중국인, 한국인 교수를 막론하고 한국어와 한국어교육 분야에서 좀 더 전문적이고 체계적인 교육을 받은, 교육 경험이 풍부한 교수를 채용하여 학생들에게 양질의 안정된 교수가 이루어지도록 하며, 교수의 소질을 높이기 위해 중국인 교수들이 변화하고 있는 한국 내의 한국어교수법을 연수하고 새로운 한국어환경과 문화를 접할 수 있도록 방학기간 등을 이용하여 한국 내의 연수프로그램에 참가하도록 하는 등 다양한 자기개발 기회를 제공해 주어야 한다는 것에 대해 대부분 학자가 공감이 가리라 생각한다.

3 중국인 교수와 원어민 교수

전영근(2010)에 의하면, 중국 사립대학 한국어학과의 교수진을 살펴보면 한국어를 모국어로 하는 조선족 교수와 한국어를 외국어로 전공한 한족 교수의 비례는 거의1 : 1로서 균형을 이루었지만 개별적으로 살펴 볼 때에는 많은 사립대학 교수의 민족구성은 대체로 불균형적이라고 한다. 대부분의 사립대학들에서 원어민 교수를 채용하고 있으며 심지어 일부 대학에서는 중국인 교수보다 원어민 교수를 더욱 많이 채용하고 있다는 것이다.

임향란(2010)에 의하면, 서남지역 사천외대와 서남민족대, 운남사범대학교 문리학원의 교수진은 총28명인데 현지인 교수 17명, 원어민 교수는 11명이었다. 운남사범대학교 문리학원은 현지인 교수진 4명 전체가 한족(漢族) 교수들로 구성되었고, 나머지 7명은 원어민을 채용하였다.

김미(2014)에 의하면, 광동,광서 양광지역 9개 대학(광동외어외무대학, 광서사범대학, 중산대학, 길림대학 주해캠퍼스, 광동외어외무대학 남국상학원, 광동백운학원, 심천직업기술학원, 광주섭외직업기술학원, 사립화련학원)의 총 교수 수는 51명이었으며 그 중, 중국인 교수는 33명, 원어민 교수는 18명이었다. 원어민 교수가 총 교수 수의 36%를 차지하였다.

주송희(2014)에 의하면, 2013년 연변대학 한국어학과 교수진은 17명의 전임교수, 1명의 재임용교수, 2명의 한국인 원어민 교수로 구성되었다.

백춘애(2014)에 의하면, 청도대학교 한국어학과 교수진 구성을 보면 현지인 교수 11명, 원어민 교수 1명으로 구성되었다.

홍예화(2014)에 의하면, 소주대학교 한국어학과에는 7명의 중국인 교수와 3명의 원어민 교수로 구성되었다.

중국인 교수와 원어민 교수의 비례가 어떠한 선을 유지해야 제일 과학적인가 하는 것에 대하여 일괄적으로 판단하기는 어렵다. 한국어학과의 전반적인 발전을 위해서는 개개의 교수가 한국어 구사능력, 중국어 구사능력은 물론 중국문화, 한국문화 모두에 능하다면 '환상적인 결합'이라고 할 수 있겠지만 현실생활에서는 그렇지만은 않다. 중국인 교수의 경우 중국어가 서투른 경우도 있으며 한국인 원어민 교수의 경우 중국어로 의사소통은 물론, 중국문화에 숙련된 분들도 두루 존재한다. 때문에 단순히 숫자적으로 중국인 교수와 원어민 교수의 비례를 따질 것이 아니라 그 학과의 재학생 규모, 인재양성 유형과 교육목표, 중국인 교수와 한국인 원어민 교수의 전공영역, 역할 분담 및 업무 추진력, 더 나아가서는 학과주임교수의 학과운영 능력 등을 종합적으로 고려하여 논의를 해야 할 것이다.

길림대학교 주해캠퍼스에서는 2016년 상반년 기준으로 본교 4학년 재학생을 대상으로 중국인 교수와 한국인 원어민 교수의 역할 분담에 대해 설문조사를 진행한 바 있다. 전공선택 19개 교과목 중, '시사한국어', '어휘학'에서는 중국인 교수가 강의하는 것을 선호하였고, '중한 교류사'는 중국인 교수 혹은 한국인 교수가 강의를 해도 무방한 것으로 나타났으며, 그 외 16개 교과목에서는 한국인 교수가 강의하는 것을 더욱 선호하는 편이었다. 초빙된 한국인 교수가 원어민 교수라는 우세 외에도 중국어로 의사소통할 수 있는 능력이 강한 것이 주요 원인이었겠지만 한국인 교수들이 구체 수업에 있어서 대부분 사전 준비가 충분하고 수업을 친절하게, 활발하게 진행해 온 것과도 관련이 있다고 판단된다. 물론 전공기초단계 또는 전공심화단계에서 모든 전공선택 교과목을 한국인이 한국어로 설명하기는 현실적으로 어려우며 수업 효율 또한 그리 높지 않다. 이에 가능하다면 한·중 언어 구사가 모두 가능한 한국인 교수를 배정하거나 또는 한국인 원어민 교수의 강의 비율을 적당히 높이는 것도 고려해 보아야 할 사항이라 생각된다.

4 학과 주임교수

중국대학의 한국어교육에 좀 더 깊이 있는 연구나 중국대학에서의 생활, 교수경험이 있는 분들이라면 언젠가는 각 대학 한국어학과의 주임교수에게로 초점을 맞추어야 함을 의식하게 될 것이다. 사실 중국대학의 한국어학과를 놓고 보면 그 의사결정권이 대부분 학과 주임교수한테 달려 있다. 이미 일정한 기반이 다져 있는 국립대학에 비해 일반 지방공립대학이나 사립대학일수록 상대적으로 더욱 그러하다.

첫째, 학과 주임교수의 행정업무 처리 능력 문제

중국대학의 영어영문학과, 일어일문학과, 러시아어학과, 스페인어학과, 불어학과 등 외국어계열의 학과를 보면 대부분 중국어를 모국어로 하는 중국인이 학과 주임교수직을 맡고 있는 반면, 한국어학과의 경우 한국어를 모국어로 하는 조선족이 학과 주임교수를 맡고 있는 경우가 적지 않다. 물론 조선족 교수 중에도 중국어에 능한 교수도 많지만 그렇지 못한 교수도 적지 않게 존재한다. 주지하다시피 현지 언어 구사능력과 의사소통능력, 그리고 현지 문화에 대한 이해력과 포용력이 떨어진다면 한국어학과 행정업무 처리 능력에 직접적인 영향을 미치게 된다.

중국의 대학(특히 일반 지방공립 혹은 사립대학)을 살펴보면 일반적으로 학과 주임교수의 교내에서의 위상, 그리고 행정업무 처리 능력이 어느 정도 뛰어난가에 따라서 학과 초빙교수의 수와 학과학생의 모집정원 등이 결정된다. 행정업무 처리 능력이 강한 주임교수라면 학과발전의 차원에서 우수한 교수 인력 확보를 위한 노력, 그리고 교수진이 감당 가능한 학생정원을 유지하기 위한 노력과 더불어 좋은 결과를 보게 되며 거기에 따라서 합리적인 학생 대 교수의 비율이 확정된다. "한국어 교육의 질이 비교적 높은 북경대학교, 북경대외경제무역대학교, 상해외국어대학교 등은 사생 비(교수와 학생의 비율)가 각각 1:7, 1:5, 1:10으로서 한 학급의 학생 수가 20명을 초과하지 않는다."[1] 하지만 지역별 한국어학과 교수와 학생의 비율을 볼 때, '외국어문학 국가표준'의 요구에 못 미치는 대학도 적지 않게 존재한다. 이러한 문제는 중국대학의 현재 상황으로서는 행정결정권이 있는 학과 주임교수의 끊임없는 노력이 절대적으로 필요한 부분이며 학과 주임교수가 갖고 있는 교내 위상과 재량에 따라서 해결 가능하거나 목표 수치에 접근 가능하다고 본다.

또 한 가지 예로, 한국어교육을 실시하자면 시청각교실, 동시통역실험실 등

---

[1] 강은국, 「대학교 본과 외국어 비통용 어종 학과 규범의 측면에서 본 중국에서의 한국어 교육」, 『韩国(朝鲜)语教育国际学术研讨会论文集(上)』, 2010, 237쪽.

은 필수적인 것인데, 시청각 교실 하나에 인민폐 30만 위엔, 동시통역실험실 하나에 인민폐 65만 위엔 정도가 필요하다. 이러한 막대한 자금 투입 규모 및 투입 시간 등도 역시 학과 주임교수의 재량과 행정업무처리능력과 밀접한 관련이 있다. 물론 위에서 제기한 문제들을 포함하여 학과발전에 관련되는 허다한 문제들은 학과 주임교수의 행정업무 처리 능력이 뛰어나다고 해서 모두 해결 가능한 것은 아니다. 하지만 학과 주임교수의 행정업무 처리 능력이 떨어지거나 거기에 문제 해결을 위한 노력마저 결여되어 있다면 그 허다한 문제들은 쉽게 풀리지 않을 것이다.

둘째, 학과 주임교수가 박사학위 소지자거나 상당한 자질을 갖춘 부교수, 혹은 교수일 경우에, 그 아래 모집되는 한국어 교수는 일반적으로 박사 혹은 교학능력과 연구능력을 겸비한 교수를 초빙하려고 노력을 하는데 이러한 학과일수록 일반적으로 한국어교육이 폭넓게 그리고 빠른 속도로 발전하게 된다.

셋째, 일부 사립대학의 경우, 일반적으로 학과 주임교수가 석사학위 소지자라면 그 아래 한국어 교수는 기본적으로 석사 혹은 학사 출신이 채용되는데 그 원인에 대해서는 일정한 예측이 가능하리라 생각한다.

넷째, 학과 주임교수가 한국인 혹은 조선족으로서 중국어와 중국문화에 아주 능통할 경우(중국의 漢族 수준), 구태여 한국인, 조선족과 漢族 교수의 구성 비례에 대해 크게 신경을 쓰지 않아도 학과행정업무를 포함한 허다한 문제들이 상대적으로 쉽게 해결이 된다. 하지만 학과 주임교수가 중국어 및 중국문화에 능하지 못하면서도 교수진 구성에 있어서 한국인 교수 혹은 조선족 교수를 고집한다면 그 학과는 바로 아주 현실적인 문제에 직면하게 된다. 예를 들어, 본교의 횡적인 혹은 종적인 업무관계 처리문제, 학과발전 경비문제, 학교급(校級), 시급(市級) 혹은 성급(省級) 연구보고서 작성문제, 학술연구 자금 조성문제, 학과 홍보문제, 학과 홈페이지 운영문제 등 자체의 교수진 힘으로는 해결하기 어려운 허다한 문제에 직면하게 된다.

따라서 중국 현지에서 한국어교육을 실시하는 만큼 한국어학과의 의사결정권을 갖고 있는 주임교수라면 중국어와 중국문화에 능해야 하는 것은 당연한 일이며, 그렇지 못할 경우 본교 내에서 '상대적 고립 상태'에 처하기 쉬우며, 한국어교육 또한 진행이 어려워지게 되는 것은 자명한 일이다. 현재 중국에 264개의 한국어학과가 개설되어 있는데 각 학교의 한국어교육이 어느 수준에 처해 있는가, 앞으로 어떠한 발전을 이룰 수 있는가 하는 것은 일반적으로 그 학교의 한국어학과 주임교수 및 그 주위의 교수진을 살펴보면 어느 정도 답이 나올 것이다.[1]

---

[1] 여기서 필자는 '상대적으로', '일반적으로', '어느 정도' 등 단어를 조심스럽게 사용하고 있는데 학과주임교수와 한국어학과의 발전 관계는 어디까지 상대적인 것이지 절대적이 아님을 밝혀둔다.

5 사례로 본 교수진 현황

1 중점대학의 교수진 현황

본고에서 말하는 중점대학이란 주로 중국대륙의 '211공정(工程)' 대학과 '985공정' 대학을 말한다. '211공정'은 1995년 11월에 중국 국무원(國務院)이 21세기를 대비하여 세계적 수준의 100개 대학을 중점적으로 육성하기 위해 시도한 것이다. 즉, 국가 차원에서 특정 대학과 중점학과를 지정하여 '교육·과학 연구·관리 수준·학교 건설 효과' 등에서 뚜렷한 발전이 있도록 지원함으로써, 지정 대학들을 중국 내에서 높은 수준을 갖춘 인재 양성과 경제 건설, 사회 발전을 위한 중점 문제를 해결할 수 있는 기지로 육성하고자 했던 것이다. 특히 '211공정'의 지원을 받는 대학 또는 학과들은 외국의 같은 학문 분야에 속한 대학 또는 학과와 비교했을 때 일정 수준 이상에 도달하도록 하고 교육과 연구 분야에서 뛰어난 성과를 거둘 수 있도록 하며 외국의 다른 대학의 모범으로 될 수 있도록 지원하고자 하였다.[①] '985공정'은 1998년에 중국 정부가 소수정예의 원칙으로 투자를 집중시키기 위해 별도로 추진하는 일류대학 육성 사업인데, 정식 명칭은 '세계 일류대학 건설 프로그램(世界一流大學建設項目)'이라고 한다.[②] 따라서 '211공정' 대학과 '985공정' 대학은 중국대륙에서의 중점대학이라고 말할 수 있다. 이와 같은 전략 하에 선정된 '211공정' 대학과 '985공정' 대학은 총 255개로, 이 수치는 2016년 5월 30일까지 중국 교육부에 등록되어 있는 중국의 대학 수 2,879개의 1/10에도 미치지 못한다.[③] '211공정' 대학과 '985공정' 대학들은 중국 정부로부터 학교 환경 시설, 교육 경비, 교육 인재 등 여러 측면에서 국가로부터 전폭적인 지원을 받아 교육과 연구를 활발하게 진행하고 있으며, 또한 정부로부터 지원받은 좋은 교육 자원을 바탕으로 다른 대학을 선도하는 역할을 하고 있다. 때문에 '211공정' 대학과 '985공정' 대학은 중국대륙에서 말하면 중점대학으로서의 대표성을 갖고 있으며 이를 통해 중국대학의 한국어학과의 교수진 현황을 대체적으로 가늠할 수 있다.

① 전춘련, 「中國 一流大學 育成政策에 따른 教授要員 人的資源 開發研究 : 211, 985工程을 中心으로」, 건국대학교 대학원 박사학위논문, 2006, 36쪽.

② '985공정'은 강택민 전 국가주석이 1998년 5월 4일에 북경대학 개교 100주년 기념행사에서 세계일류대학 육성이라는 연설에서 비롯되어 시작된 것이므로 '985공정'이라고 부른다. 상기 논문 45쪽.

③ sina 교육, http://edu.sina.com.cn/gaokao/2016-06-04/doc-ifxsvenx3264013-p3.shtml

　김용범 외(2017)에서는 '중국 대학에서의 한국어문학과 개설 현황 및 발전 방안 연구'를 주제로 중국대륙의 '211공정' 대학과 '985공정' 대학의 한국어문학 교수 상황에 대하여 조사연구를 진행한 바 있는데 아래에 그 관련 자료 내용을 인용해 보도록 하겠다.

　김용범 외(2017)에 의하면 2016년을 기준으로 한국어문학 관련 학과가 개설되어 있는 화중사범대학, 호남사범대학, 북경외국어대학, 대외경제무역대학, 연변대학, 상해외국어대학, 남경사범대학, 소주대학 등 8개(학과에 관한 구체적인 정보를 확인할 수 없었던 중국 전매대학은 제외)의 면 총 16개의 대학의 교수진 현황은 아래와 같다.

표4-1 한국어문학 관련 학과 교수 현황[1]

대학명	교수 수	퍼센트
연변대	36	23.5
산동대	21	13.7
중앙민족대	18	11.8
중국해양대	9	5.9
길림대	8	5.2
상해외대	8	5.2
북경대	8	5.2
남경대	7	4.6
화중사범대	7	4.6
복단대	7	4.6
대외경제무역대	7	4.6
북경외대	6	3.9
호남사범대	5	3.3
소주대	3	2.0
중산대	2	1.3
남경사범대	1	0.7
합계	153	100.0

---

[1] 김용범 외, 「중국 대학에서의 한국어문학과 개설 현황 및 발전 방안 연구」, 『한국학연구』 63집, 고려대학교 한국학연구소, 2017, 49쪽.

위 표를 보면 16개의 중점대학에 총 153명[1]의 한국어 관련 교수가 재직 중이다. 그 중에 연변대학, 산동대학, 중앙민족대학이 교수의 규모 면에서 앞 순위를 차지하고 있으며 전체 교수의 약 50%를 차지하고 있다. 재직교수의 규모가 크다는 것은 상대적으로 재학생이 많다는 것을 의미하며 한국어교육이 그 만큼 활발하게 진행되고 있음을 의미한다. 거꾸로 한국어교육이 활발하게 진행되고 있다는 것은 그 교수진의 교육연구 능력이 상대적으로 강하다는 것을 의미한다.

그리고 한국어 관련 교수들의 국적과 학위를 살펴보면, 중국인이 96.1%(147 명)로 대부분을 차지하며, 박사학위 소지자도 84.3%(129명)에 이른다. 최종 학위 취득 국가는 한국이 51.0%(78명)로 가장 많았으며, 중국에서 최종 학위 를 취득한 경우는 33.3%(51명)이었다.[2]

한국어 관련 교수들의 국적별 세부전공 상황은 아래와 같다.

표4-2 국적별 교수 세부 전공[3]

국적		세부 전공						전체
		국어학	고전문학	현대문학	문학	기타	미확인	
중국	빈도 %	50 34.0%	20 13.6%	34 23.1%	12 8.2%	21 14.3%	10 6.8%	147 100%
한국	빈도 %	1 16.7%	3 50.0%	0 0.0%	0 0.0%	2 33.3%	0 0.0%	6 100%
전체	빈도 %	51 33.3%	23 15.0%	34 22.2%	12 7.8%	23 15.0%	10 6.5%	153 100%

위 표를 보면 중국인 교수의 경우, 국어학 전공자가 50명으로 전체 중국인 교수의 34.0%를 차지하고 현대문학 전공자가 34명으로 전체 중국인 교수의 23.1%를 차지하며 고전문학 전공자가 20명으로 전체 중국인 교수의 13.6% 를 차지하고 있다. 그리고 중국의 경우, 한국처럼 현대문학과 고전문학을 세분화하지 않고 어학과 문학으로 전공을 구분하는 경우도 있어 현대문학과

[1] 소주대, 중산대, 남경사범대 등 일부 대학의 경우, 한국어문학과 교수 수에 관한 통계 수치가 일정한 오류가 있을 것으로 추정된다.

[2] 김용범 외, 「중국 대학에서의 한국어문학과 개설 현황 및 발전 방안 연구」, 『한국학연구』 63집, 고려대학교 한국학연구소, 2017, 50쪽.

[3] 상동, 51쪽.

고전문학으로 구분되지 않은 문학 전공자는 12명으로 전체 중국인 교수의 8.2%를 차지하고 있다. 한국인 교수의 경우 고전문학 전공자가 3명으로 국어학 전공자보다 더 많으며 전체 한국인 교수의 50.0%를 차지하고 있다. 중국인 교수와 한국인 교수를 포함하여 전체적으로 볼 때, 국어학 전공자가 총 51명으로 전체의 33.3%를 차지하고 현대문학 전공자가 34명으로 22.2%를 차지하며 고전문학과 기타 문학 전공자가 35명으로 22.8%를 차지하고 있다.

전반적으로 볼 때, 확인된 어학과 문학 관련 전공자만 하여도 그 비율이 78.3%로 절대적인 우위를 점하고 있음을 알 수 있다.

② 범주강삼각주지역의 교수진 현황

범주강삼각주지역의 한국어학과는 비록 설립된 시간은 오래지 않지만 교수진 구성을 보면 비교적 규범적으로 운영되고 있다. 필자가 2014년 4월 30일 기준으로 범주강삼각주지역에 위치하고 있는 길림대학 주해캠퍼스, 광동외어외무대학, 광동외어외무대학 남국상학원, 광동백운학원, 중산대학, 광서사범대학, 사천외국어대학, 서남민족대학, 호남사범대학, 호남이공학원, 운남사범대학 상학원 등 11개의 4년제 대학을 상대로 실시한 설문조사 결과에 의하면 교수진 현황은 다음과 같다.

표4-3 범주강삼각주지역 11개 대학 한국어학과 교수진 현황 (단위: 명)

중국인 교수 (61명, 70%)							한국인교수 (26명, 30%)		
학력			직함				학력		
학사	석사	박사	교수	부교수	조교수	전임강사	학사	석사	박사
0	42	19	6	10	33	12	5	14	7

표4-3을 분석해 보면, 아래와 같은 수치를 얻을 수 있다.

첫째, 상기 11개 대학의 한국어학과에 총 87명의 교수가 재직 중이며, 그 중에 중국인 교수가 61명으로 70%를, 한국인 교수가 26명으로 30%를 차지하고 있다. 타 지역에 비해 한국인 교수의 비율이 상대적으로 높음을 알 수 있다.

둘째, 중국인 교수를 보면, 고급직함 소지자가 16명으로 중국인 교수의 26%를, 중급직함 소지자가 33명으로 54%를, 그 이하가 12명으로 20%를 차지하며 구조적으로 볼 때 비교적 합리적임을 알 수 있다.

셋째, 중국인 교수 중에 박사학위 소지자가 19명으로 중국인 교수의 31%를, 석사학위 소지자가 42명으로 69%를 차지하여 석사의 비중이 상대적으로 높음을 알 수 있다. 하지만 박사학위과정 중에 있는 교수 혹은 박사학위과정 준비 중인 교수가 늘어나고 있는 것으로 보아 교수진의 학위구도는 차츰 좋아지고 있다.

넷째, 한국인 원이민 교수의 경우, 박사학위 소지자가 7명으로 27%를, 석사학위 소지자가 14명으로 54%를, 학사학위 소지자 혹은 석사학위과정 중에 있는 교수가 5명으로 19%를 차지한다. 중국인 교수의 학위구도에 비해 상대적으로 개선해야 할 공간이 많음을 알 수 있다.

다섯째, 학교별로 보면, 광동외어외무대학이 박사학위소지자의 비율이 70%로 가장 높고 그 다음으로 호남사범대학, 광서사범대학, 사천외국어대학, 서남민족대학, 길림대학 주해캠퍼스 등의 순으로 비교적 양호한 학위비율을 유지하고 있다. 하지만 일부 대학의 경우 고급직함 혹은 박사학위소지자가 한 명도 없는 것으로 보아 교수진 구성 면에서 매우 불균형적인 발전 양상을 보이고 있음을 알 수 있다.

상기 통계 자료는 2014년 4월 기준이기에 4년이 지난 현 시점에서 바라볼 때 많은 대학의 한국어학과에서 교수진이 업그레이드되었음을 알 수 있다. 현재 이 지역의 일부 국공립대학의 경우 교수진의 100%가 박사학위를 소지한 학과도 존재하며, 사립대학이라 할지라도 교수진의 80~90%가 박사학위를 소지한 학과, 한국인 교수의 70%가 박사학위를 소지한 학과, 서울대학교를 졸업한 박사만 하여도 30%를 차지하는 학과 등도 존재한다. 비록 중점대학의 한국어학과의 학위구도와는 일정한 차이가 존재하지만 적지 않은 대학에서 신임교수 초빙 시 박사학위 소지자를 기본으로 요구하는 등 적극적인 움직임을 보이고 있다. 물론 전문대학의 경우, 아직 석사학위 소지자가 주를 이루는 대학도 적지 않게 존재하지만 멀지 않은 장래에 고차원의 학위구도 쪽으로 차츰 개선될 것으로 전망된다.

6 교수진 개선 방안

21세기 초반에 한국어학과를 대폭 증설 시 우려했던 취약한 교수진 문제는 10여 년의 노력을 거쳐 어느 정도 정착이 되었다고 할 수 있다. 하지만 앞에서 이미 언급했다시피 문제점 또한 적지 않게 존재하고 있다. 지금과 같이 급변하는 시대에 중요한 것은 교수진 구도 변화의 방향을 미리 읽고, 변화의 흐름을 주도해 가는 것이다. 한발 앞서 미래를 내다보고 개혁, 개선을 시도한다면, 변화에 끌려가지 않고 반대로 변화를 주도해 나갈 수 있다. 이러한 관점에 입각하여 교수진 개선 방안으로 아래와 같이 '4 개선', '3 강화'를 제안하고자 한다.

'4 개선'

첫째, 학위구도 개선

비록 학위구도가 교수진의 우열을 논하는 유일한 표준은 아니지만 유력한 표징이라고 할 수 있다. 국공립대학과 사립대학, 연구형 대학과 실용형 대학, 4년제 대학과 전문대학 할 것 없이 교수진의 학위구도 개선은 절대적으로 필요한 부분이다. 이는 선택사항이 아니라 필수사항이라 할 수 있다. 발달한 국가의 대학교 교수진 학위구도를 보면 4년제 대학 혹은 전문대를 막론하고 박사학위를 소지한 이가 주를 이루고 있으며 대부분의 대학에서 100%를 유지하고 있다. 여기에 비추어 볼 때 중국대륙의 한국어학과의 교수진의 학위구도는 개혁, 개선 공간이 아주 크다고 할 수 있다. 현재 중국 내 대학의 한국어 관련 전공의 박사코스는 제한되어 있지만 한국에는 한국어 관련 전공의 박사코스가 충분히 열려 있고 한국에서 박사학위를 취득하고 귀국하는 이들도 일정한 양을 유지하고 있기 때문에 학위구도의 개선은 실현 가능한 것이다.

둘째, 세부 전공구도 개선

학교의 유형 혹은 학과의 인재양성 목표가 다름에 따라 교수진의 세부 전공구도에 대한 요구가 다를 수 있다. 현존의 한국어학과가 앞으로 한국학 쪽으로 발전할 것인가, 아니면 한국어문학 쪽으로 발전할 것인가? 실용형 쪽으로 발전할 것인가, 아니면 연구형 쪽으로 발전할 것인가? 전공방향을 한국어에 중점을 둘 것인가, 아니면 한국문학 혹은 문화에 중점을 둘 것인가? 순수 한국어문학 쪽으로 발전할 것인가 아니면 '한국어＋타전공' 모델로 발전할 것인가? 이러한 전공 발전방향 혹은 발전모델에 따라 교수진의 세부 전공구도에 대한 개혁, 개선이 필요하다.

셋째, 직함구도 개선

앞에서 이미 언급했다시피 중국대륙에서의 한국어교육은 준비기(1945~1990), 발전기(1991~2000), 도약기(2001~2015), 조정기(2016~현재), 네 단계로 나눌 수 있는데 발전기까지만 하여도 한국어학과를 개설한 대학이 총 33개 정도였다. 하지만 도약기에 들어서면서부터 한국어학과가 기하급수적으로 발전하면서 현재 264개의 대학에서 한국어학과를 개설, 운영하고 있다. 이는 발전기에 비해 그 규모가 여덟 배나 된다. 이렇듯 한국어 교육이 급성장하면서 그 당시 교수 초빙이 어려웠던 적지 않은 대학에서 당해 연도의 석사졸업생 지어는 학사졸업생을 교수로 초빙하게 되었는데, 이것이 오늘에 이르러서도 교수의 직함구도에 영향을 주고 있다. 다시 말하면, 적지 않은 대학의 한국어학과의 교수진이 대부분 강사가 주를 이루고 있으며 고급직함 소지자가 아주 드물다. 필경 대학에서의 한국어 관련 교육은 어학당과는 달리 언어능력 양성 외에 전문적인 전공지식을 전수해야 하기에 전공 영역의 고급직함 소지자 비율을 높여야 할 것이다.

넷째, '雙師型' 교수구도 개선

'雙師型' 교수① 란 간략하게 말하면 전공지식 기능과 직업 실천 기능을 동시에 겸한 교수를 말한다. 일반적으로 실용형 대학에서는 전공 교수가 이론 강의뿐만 아니라 학생들의 직업실천도 지도할 수 있도록 요구하고 있다. 중국 대륙의 한국어학과는 몇몇 중점대학을 제외하고는 대부분 실용형 인재양성을 주요 목표로 설정하고 있다. 그럼에도 불구하고 교수진 구성을 보면 대부분 한국어문학 전공에 국한되어 있으며 전공지식 기능과 직업실천 기능을 동시에 겸한 교수는 매우 드물다. 급변하는 시대에 뒤떨어지지 않기 위하여서는 雙師型 교수구도 개선이 급선무이다.

'3 강화'

첫째, 교육능력 강화

교수의 교육능력과 전공지식 수준은 별개의 개념이다. 지식이 풍부하다고 해서 교육능력이 강한 것은 아니다. 좁은 의미에서 말하면, 교육능력이란 일종의 기능으로서 전공의 교육목표에 근거하여 본인의 전공지식을 효율적으로 학생들에게 전수하는 능력을 말한다. 교수의 교육능력은 인재양성의 질과 직접적으로 관련이 있다. 이는 그 어떤 유형의 대학에서도 반드시 중요시해야 할 부분이다.

둘째, 연구능력 강화

교수의 연구능력은 연구형 대학에서만 요구하는 사항이 아니다. 일반 실용형 대학, 전문대학에서도 간과할 수 없는 부분이다. 연구능력은 교육능력에도

---

① 현재 학계에서 雙師型 교수에 대한 요구 혹은 이해는 일정한 차이를 보이고 있다. 일반적으로 두 가지 이상의 기술직함을 소지한 교수 혹은 이론 강의 뿐만 아니라 학생들의 실천도 지도할 수 있는 교수를 말한다. https://baike.baidu.com/item/双师型教师/9186942

직접적인 영향을 미치고 있다. 급변하는 시대에 모든 것이 빠르게 움직이고 있으며 새로운 이론, 새로운 사물, 새로운 현상, 새로운 과제가 끊임없이 우리 앞에 나타나고 있다. 학교 시절에 배운 기본지식과 기본이론으로 모든 문제를 해결하려는 것은 불가능한 일이다. 한국어학과의 튼튼한 발전기반을 마련하기 위해서는 교과과정에 대한 연구, 교재에 대한 연구, 전공영역에 대한 연구, 전공학생의 수용심리, 수용능력에 대한 연구, 지역사회에 대한 연구, 관련 업종의 발전흐름에 대한 연구 등은 필요 불가결한 것이다. 한 학과가 얼마만한 발전 동력을 갖고 있는가 하는 것은 교수진의 연구능력과 밀접한 관련이 있다.

셋째, 시대 감각능력 강화

한국어학과에서의 인재양성은 '진공상태'에서 이루어지는 것이 아니며 한국어학과도 '진공상태'에서 발전하는 것은 더욱 아니다. 그것은 어디까지나 환경의 영향, 시대의 영향을 받기 마련이다. 현시대의 특징을 살펴보면, '1대 1로' 연선 국가와의 협력이 주를 이루는 시대, 4차 산업혁명의 물결이 거세게 다가오고 있는 시대, 인공지능이 우리 생활 각 영역에 빠른 속도로 확산되고 있는 시대, 크로스오버(crossover) 경쟁 시대, 교육의 국제화 시대, 지역특성화 시대, 융복합 인재를 대량으로 수요하는 시대이다. 한국어학과의 교수 특히는 주임교수라면 이러한 시대의 변화와 흐름에 민감해야 하며 양호한 시대 감각능력을 갖추어야 한다.

제2절 교재 사용 현황 분석

1 선행연구

그 동안 중국대학의 한국어학과 교재에 대한 연구는 그리 많지 않다. 연도순으로 중국대학에서의 한국어학과 사용 교재에 대해 거시적으로 접근한 주요 글을 살펴보면, 우림걸(1996)에서는 "중국에서의 한국어교육 현황과 문제점"을 주제로, 중국 대학에서의 한국어 교육에서의 한국어교재와 자료 부족 등 문제점과 개선방안을 제시한 바 있으며, 최희수(2005)에서는 "중국의 한국어 교육에서 제기되는 과제"를 주제로, '한국어교재 편찬' 등에 대하여, 김병운(2006)에서는 "중국에서의 한국어 교육의 실태와 과제"를 주제로, 교재 및 참고서 개발 등 한국어 교육의 과제에 대하여, 엄녀(2007)에서는, 북경대학 조선문화연구소의 『한국어 1, 2』와 상해복단대학의 『초급한국어 (상, 하)』를 중심으로 교재의 사용현황과 개발에 대해 논의를 하였으며, 박영환(2007)에서는 "중국에서 한국어교육의 효율적 방안"을 주제로, 교재개발 등 효율적인 한국어교육 방안에 대하여, 임향란(2010)에서는 "서남지역에서의 한국어학과 실태 조사 보고"를 주제로, 서남지역의 교재 사용 등에 대하여, 진정란(2011)에서는 중국 내 20개 대학교의 통합교재의 사용현황을 조사한 후, 이를 바탕으로 중국인 한국어 학습자의 특성 등을 고려하여 교재 개발의 방향을 제시하였으며, 김정우(2012)에서는, 현재 중국에서 사용되고 있는 고급 한국어 교재 가운데 초급부터 고급까지 체계적으로 발간하고 있는 4종의 교재를 선정하여, 본문 제재의 특성, 단원 구성 및 연습 활동의 형태, 어휘의 수준에 중점을 두어 비교하여 분석을 하고 이를 토대로 문학 갈래의 다양화, 다양한 분야의 읽기 제재 제공, 중국 관련 내용을 담은 한국어 제재 수록, 연습 활동의 한국어능력 평가와의 연계와 학습자의 실질적인 언어 능력 강화 방안 등을 향후 고급 교재 개발의 방향으로 제시하였으며, 오문천(2012)에서는 중국 내 한국어교육에서의 문화 교육을 위한 연구로서 중국의 통합 한국어 교재 내 문화 학습 활동의 개발을 위하여 중국과 한국의 통합 한국어 교재에 나타난 문화 학습 활동을 분석하고 교재 분석의 결과를 바탕으로 중국의 특수성을 고려하여 바람직한 개발을 위한 제언을 하였으며, 유쌍옥(2016)에서는 "중국의 한국어 교재 사용 현황과 개발 방향 연구"를 주제로, '중국의 한국어 교재에 관한 기존 연구', '한국어 교재

사용 현황', '한국어 교재 개발의 방향' 에 대하여 논의한 바 있다.[①]

이 외에도 일부 연구논문들이 발표되었으리라 생각되는데 이러한 논문들의 공통점은, 내용적으로 중국대학에서의 한국어 관련 교재에 대한 거시적 고찰, 현황 파악, 문제점 발견, 해결책 혹은 발전방향 모색 등이 주를 이루고 있다는 것이다. 비록 연구 성과물의 양은 많지 않지만 서로 다른 시기에 서로 다른 측면에서 중국대학의 한국어 관련 교재의 현황을 살피고 존재하는 문제점들을 점검하면서 해결책을 강구하려는 노력의 흐름으로 볼 수 있으며 앞으로의 중국대학에서의 한국어교육 연구에 좋은 자료들을 제공하여 준다고 할 수 있다.

2 현행 교재의 문제점

중국대학에서의 한국어교육은 그 역사가 오래지 않기 때문에 교재 개발 면에서 한계를 보이고 있으며 문제점 또한 적지 않게 존재한다. 김철·민영란(2017)에서는 중국 내에서 편찬된 교재들에 공동으로 존재하는 문제점을 거시적 시각과 미시적 시각으로 분석한 바 있는데 거시적 시각에서 본 한국어 교재 편찬의 문제점으로는 다음을 들고 있다.

첫째, 과학적이면서 통일된 전공 한국어 교수 요강이 없다.

둘째, 풍부한 교육 경험과 이론지식을 겸비한 전문가들이 교재를 편찬해야 한다.

셋째, 한국어 교재개발과 관련한 다방면의 연구가 뒷받침되어 있어야 한다.

넷째, 외국어로서의 한국어문법체계가 아직 잘 이루어지지 못했다.

다섯째, 한국어 교재 편찬이 초·중급에 편중되어 있다.

여섯째, 현재 교재 편찬이 학과목 발전에 신속하게 대응하지 못하는 문제점도 있다.

일곱째, 국내 한국어 교재 개발은 선진적인 교육 기술을 소홀히 하는 경향이 있다.

여덟째, 국내 교재 개발과 편찬이 너무 성급하게 이루어지는 것도 문제다.

그리고 미시적 시각에서 본 한국어 교재 편찬의 문제점들은 다음 몇 가지를 들고 있다.

첫째, 문법 술어들에 대한 중국어대역이 통일되지 못한 문제점이 여전히 남아 있다.

둘째, 교재 편찬에서 내용적인 측면을 잘 고려하지 못한 문제점이 있다.

셋째, 초급정독교재에서 발음교육 부분을 너무 복잡하게 만든 것도 문제점이다.

---

① 지면의 제한으로 관련 논문들을 일일이 나열하지 못하였음을 밝혀둔다.

이 외에도 교재의 기본을 이루는 제재(題材)의 체계성 문제, 시대성 문제, 취미성 문제, 난이도 문제, 배열 조합 순서문제 등을 들 수 있다. 이러한 문제들은 충분한 시간을 갖고 전문적인 인력을 투입하여야 만이 과학적인 교재를 개발해 낼 수 있다고 본다.

3 현행 교재에 대한 실증적 접근

본고에서는 한국어학과의 강의 교재 만족도를 파악하기 위하여 2016년 6월 길림대학교 주해캠퍼스 재학생 198명[1]을 대상으로 학기별 강의교재에 대해 설문조사를 실시하였으며, 그 조사결과에 대한 집계, 분석을 통해 학생들이 현행 사용하고 있는 교재에 어느 정도 만족하고 있는지, 문제점은 무엇인지를 파악하고, 급변하는 교육 현실에 발맞추어 새로운 교재 개발 방향을 모색하고자 하였다.

강의 교재는 학습 목표, 학습자 수준, 강의자 경험, 교육부 추천서 등을 고려해 강의 교수가 선정하고 있다. 일반적으로 교육부 추천 필수 과목의 경우 선택할 수 있는 교재는 많은 편이지만 선택 과목의 경우는 적당한 교재를 찾기 어려워 자체 제작해 사용하는 경우가 많다. 강의 교재는 학년마다 조금씩 변화가 있는 부분이기에 현행 교재를 사용한적 있는 학생들(1, 2학년 교재의 경우 2학년 90명, 3, 4학년 교재의 경우 3학년 18명, 4학년 90명)을 대상으로 설문조사를 실시하였다.

1 1학년 1학기 강의 교재 만족도

표4-4 1학년 1학기 강의 교재

과목명	교재명	출판사
초급 정독1	대학 한국어1	북경대학출판사
초급 듣기1	한국어시청설 교정1	북경대학출판사
초급 회화1	아름다운 한국어1	민족출판사

설문조사(2학년 90명 대상) 결과 '초급 정독1', '초급 듣기1'의 경우 88명(98%)이 '적당하다'라고 답하였다. '초급 회화1'의 경우 58명(64%)이 '적당

---

[1] 본 설문조사에서는 한국어학과 재학생 198명이 참여하였으며 학년별로는 4학년(2012학번) 90명, 3학년(2013학번) 18명(한국 유학 중인 72명 제외함), 2학년(2014학번) 90명이다. 1학년(2015학번)은 접해 본 교과목이 많지 않기에 본 설문조사 대상에서 제외하였다.

하다'라고 답한 반면, 32명(36%)이 '부적당하다'라고 답하였는데, 이는 '너무 쉽다', '회화 내용이 적다', '연습문제가 적다' 등에 따른 결과였다.

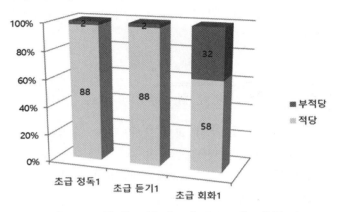

그림4-1 1학년 1학기 전공 교재 만족도

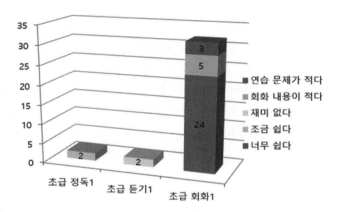

그림4-2 1학년 1학기 전공 교재 부적당한 이유

② 1학년 2학기 강의 교재 만족도

표4-5 1학년 2학기 강의 교재

과목명	교재명	출판사
초급 정독2	대학 한국어2	북경대학출판사
초급 듣기2	한국어시청설 교정2	북경대학출판사
초급 회화2	아름다운 한국어2	민족출판사
한국 문화 특강(선택)	자체 제작	
한국 풍속 예절(선택)	자체 제작	

　설문조사(2학년 90명 대상) 결과 '초급 정독2'의 경우 88명(98%), '초급 듣기2'의 경우 90명(100%), '한국 문화 특강'의 경우 89명(99%), '한국 풍속 예절'의 경우 90명(100%)이 '적당하다'라고 답하였다. '초급 회화2'의 경우 58명(64%)이 '적당하다'라고 답한 반면, 32명(36%)이 '부적당하다'라고 답하였는데, 이는 '너무 쉽다', '회화 내용이 적다', '연습문제가 적다' 등에 따른 결과였다.

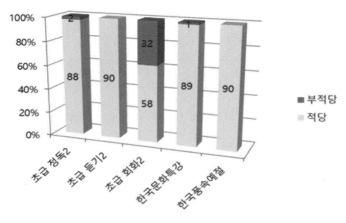

그림4-3 1학년 2학기 전공 교재 만족도

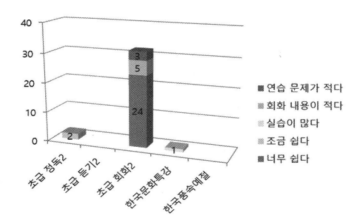

그림4-4 1학년 2학기 전공 교재의 부적당한 이유

③ 2학년 1학기 강의 교재 만족도

표4-6 2학년 1학기 강의 교재

과목명	교재명	출판사
중급 정독1	대학 한국어3	북경대학출판사
중급 듣기	한국어시청설 교정3	북경대학출판사
중급 회화	아름다운 한국어 중급1,2	민족출판사
범독1	한국어 열독 중급(상)	세계도서출판사
중급 한국어 능력시험1(선택)	자체 제작	

　　설문조사(2학년 90명 대상) 결과 '중급 정독1' 의 경우 83명(92%), '중급 듣기' 의 경우 88명(98%), '중급 한국어 능력시험1' 의 경우 90명(100%)이 '적당하다'라고 답하였다. '범독1' 의 경우 80명(89%)이 '적당하다' 라고 답한 반면, 10명(11%)이 '부적당하다' 라고 답하였는데, 이는 '너무 어렵다', '재미없다' 등에 따른 결과였다. '중급 회화' 의 경우 67명(74%)이 '적당하다'라고 답한 반면, 23명(26%)이 '부적당하다' 라고 답하였으며, 이는 '너무 쉽다', '재미없다', '실용성이 없다' 등에 따른 결과였다.

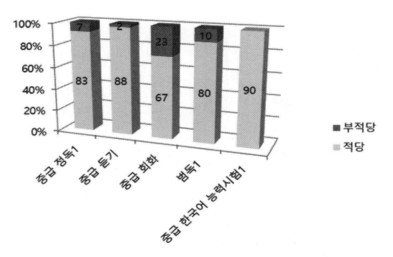

그림4-5 2학년 1학기 전공 교재 만족도

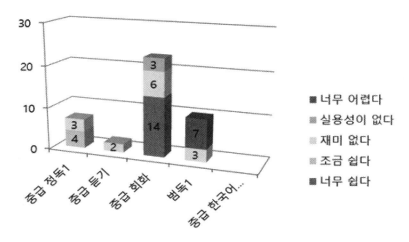

그림4-6 2학년 1학기 전공 교재의 부적당한 이유

④ 2학년 2학기 강의 교재 만족도

표4-7 2학년 2학기 강의 교재

과목명	교재명	출판사
중급 정독2	대학 한국어4	북경대학출판사
고급 듣기	한국어시청설 교정4	북경대학출판사
고급 회화	아름다운 한국어 중급3	민족출판사
범독2	한국어 열독 중급(하)	세계도서출판사
중급 한국어 능력시험2(선택)	자체 제작	

　설문조사(2학년 90명 대상) 결과 '중급 정독2'의 경우 86명(96%), '고급 듣기'의 경우 88명(98%), '범독2'의 경우 86명(96%), '중급 한국어 능력시험1'의 경우 90명(100%)이 '적당하다'라고 답하였다. '고급 회화'의 경우 70명(78%)이 '적당하다'라고 답한 반면, 20명(22%)이 '부적당하다'라고 답하였는데, 이는 '너무 쉽다', '재미없다', '실용성이 없다' 등에 따른 결과였다.

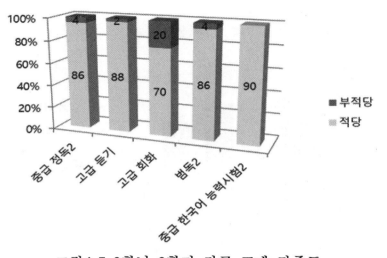

그림4-7 2학년 2학기 전공 교재 만족도

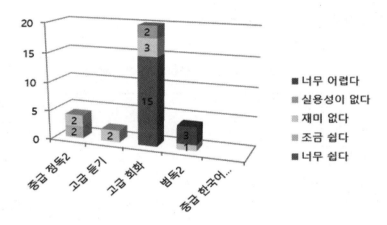

그림4-8 2학년 2학기 전공 교재의 부적당한 이유

⑤ 3학년 1학기 강의 교재 만족도

표4-8 3학년 1학기 강의 교재

과목명	교재명	출판사
고급 정독1	한국어 교정5	세계도서출판사
한중 번역	한중 번역 교정	북경대학출판사
한국어 문법	외국인을 위한 한국어 문법	국립국어원
한반도 사회와 문화	자체 제작	

(속 표)

과목명	교재명	출판사
한국 문학작품 선독	한국 문학작품 선독 (상)	외국어교학과연구 출판사
한국어 작문1(선택)	자체 제작	
직장 한국어 회화1(선택)	자체 제작	
시사한국어(선택)	자체 제작	
관광한국어(선택)	자체 제작	
고급 한국어 능력시험1 (선택)	자체 제작	

설문조사(4학년 90명 대상) 결과 '관광한국어'를 제외한 모든 과목에서 88명(98%)이상이 '적당하다'라고 답하였다. '관광 한국어'의 경우 80명(89%)이 '적당하다'라고 답한 반면, 10명(11%)이 '부적당하다'라고 답하였는데, 이는 '실용성이 없다', '재미없다', '불필요하다' 등에 따른 결과였다.

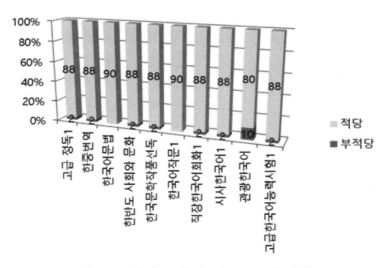

그림4-9 3학년 1학기 전공 교재 만족도

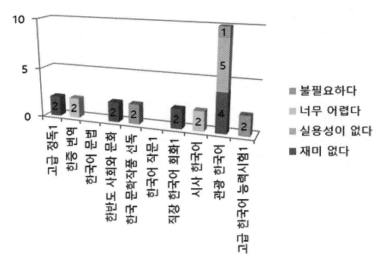

그림4-10 3학년 1학기 전공 교재의 부적당한 이유

표4-9 3학년 2학기 강의 교재

과목명	교재명	출판사
고급 정독2	한국어 교정6	세계도서출판사
중한 번역	중한 번역 교정	북경대학출판사
중한 언어문화 비교	한중언어문화론	외국어교육과연구출판사
한국 문학사	한국 문학사	북경대학출판사
한국어 작문2(선택)	자체 제작	
직장한국어 회화2(선택)	자체 제작	
시사 한국어2(선택)	자체 제작	
비즈니스 한국어(선택)	자체 제작	
영상 한국어(선택)	자체 제작	
졸업논문 쓰기(선택)	자체 제작	
고급 한국어 능력시험2(선택)	자체 제작	

설문조사(4학년 90명 대상) 결과 '중한 언어문화 비교'를 제외한 모든 과목에서 88명(98%)이상이 '적당하다'라고 답하였다. '중한 언어문화 비교'의 경우 86명(96%)이 '적당하다'라고 답한 반면, 4명(4%)이 '부적당하다'라고 답

하였는데, 이는 '실용성이 없다', '불필요하다' 등에 따른 결과였다.

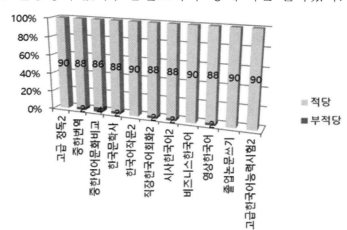

그림4-11 3학년 2학기 전공 교재 만족도

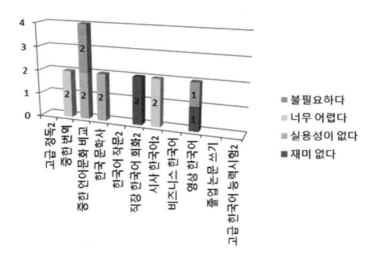

그림4-12 3학년 2학기 전공 교재의 부적당한 이유

4 시사점

전반적으로 볼 때 수강 학생들이 현재 사용하는 교재에 대해 기본적으로 만족을 하고 있음을 알 수 있다. 그리고 수강하는 학생의 차원에서 볼 때 현재 사용하고 있는 교재는 아래와 같은 개선이 필요하다.

첫째, 전공 교재에 있어 회화 등 일부 교재의 난이도를 조금 높여야 할 것으로 보인다. 회화 수업은 많은 지식 습득과 이해보다는 의사소통과 상호 교류에 초점을 맞춰 난이도가 높지 않은 경우가 많다. 예를 들어 『아름다운 한국어』교재의 경우, 수강 학생들은 난이도가 너무 낮아 '배움이 부족한 것 같다', '연습 문제가 너무 쉽다', '좀 더 어려웠으면 좋겠다' 등과 같이 학습에 대한 갈증이 많았다. 이에 향후 회화 등 교재는 학생들의 눈높이에 맞게 난이도는 조금 높은 수준으로 선정해야 할 것이다.

둘째, 교재 선택 시 학습자의 흥미를 고려해야 한다. 일부 교재는 전공지식은 체계적으로 잘 배열되어 있지만 흥미가 떨어져 학생들이 일정한 거부감을 느끼고 있다. 교재에 대한 거부감은 학습효율과 직접적으로 관련이 있기 때문에 학생들의 흥미를 유발할 수 있는 교재개발이 필요하다.

셋째, 실용성을 고려해야 한다. 중국대학의 한국어학과에서는 대부분 실용형 인재양성을 교육목표로 설정하고 있다. 전공 학생들도 실용성에 착안점을 두고 있기 때문에 교재 선정에 있어서 실용성이 강한 교재를 선정하도록 하여야 할 것이다.

이 외에도 앞에서 이미 언급했다시피 교재의 기본을 이루는 제재(題材)의 체계성 문제, 시대성 문제, 관련 내용 배열 조합 순서문제 등도 교재 선정 시 주의해야 할 사항이라고 본다. 현재 전공 관련 교재가 너무 제한되어 있기에 각 대학의 유형, 인재양성 목표, 학습자 수준 등에 잘 어울리는 교재 선정이 매우 어렵다. 이러한 상황으로 적지 않은 대학에서는 3학년에 이르러 전공심화 교과목과 관련된 교재는 자체적으로 제작하여 사용하고 있는 실정이다. 앞으로 이러한 문제들은 충분한 시간을 갖고 전문적인 인력을 투입하여야만 보다 합리적인 교재를 개발해낼 수 있다고 본다.

제 5 장

결 론

  본 연구는 중국대학의 한국어교육에 대해 좀 더 깊이 있고 폭넓은 이론 및 실증적인 연구를 진행함과 동시에 학문의 가치정립과 학계의 충분한 주의를 환기시키는 데 주된 목적을 두고 있다. 본고에서는 선행 연구와 통계수치를 바탕으로, 중국대학의 한국어교육의 발전흐름, 한국어학과의 발전 분포, 한국학 관련 연구기관의 분포 및 연구 동향, 한국어 전공 관련 교과과정, 교수진 및 교재 사용 현황 등에 대해 폭 넓은 논의를 하였다. 지금까지 중국대륙의 한국어교육 연구자들의 연구동향을 살펴보면 거시적인 연구보다는 미시적 연구에 편향되어 있었다. 즉 다시 말하면, 한국학 관련 언어·문학·문화의 기초 연구, 비교 연구, 교수방법론 연구 등 미시적 연구에 큰 비중을 싣고 있었으며 구조적 차원에서 중국대학의 전반 한국어교육에 대하여 진행한 연구 논문은 비교적 드물다. 본고에서는 중국대학의 한국어교육의 구조 연구, 흐름 연구, 교과과정에 대한 내용학적 연구를 주 연구대상으로 하였다. 연구방법 면에서는 정성(定性)분석과 정량(定量)분석의 결합, 이론연구와 실증연구의 결합, 부분 연구와 구조 연구의 결합, 共時的 연구와 通時的 연구의 결합을 결부하여 진행하였다.

  본고의 연구결론은 아래와 같이 일곱 가지로 정리할 수 있다.

  첫째, 중국대학에서의 한국어 교육은 준비기(1945~1990), 발전기(1991~2000), 도약기(2001~2015) 조정기 (2016~현재)등 네 단계를 거쳐 발전하여 왔다. 중국대학에서의 한국어교육의 활성화는 중·한 수교 및 양국 간 정치, 경제, 문화, 교육 교류 대폭 강화, 한국인 기업체 중국대륙 시장 대거 진출, 그리고 한류의 끊임없는 영향력과 밀접한 관련이 있다.

  둘째, 2019년 1월 기준으로, 중국의 '教育部招生阳光工程指定平台(교육부 학생 모집 햇볕프로젝트 지정 플랫폼)'인 '阳光高考网(햇볕대입사이트)'의 관련 정보를 바탕으로 통계를 낸 바에 의하면, 국공립대와 사립대를 포함하여 140개의 전문대학에서 '응용한국어학과'를 개설·운영하고 있는 것으로 추정된다. 양적 측면에서 보면 2015년의 154개에서 현재 140개로 14개 대학이 줄어든 상황이다. 지역분포 차원에서 보면, 한국과의 교류가 활발한 지역, 한국기업이 대량 진출한 지역, 한류의 영향을 상대적으로 많이 받는 지역, 다시 말하면 산동성(37개), 강소성(24개), 요녕성(11개), 흑룡강성(9개), 길림성(9개) 등 지역에 응용한국어학과를 개설한 대학이 90개로 전체의 64.3%를 차지하고 있다. 그리고 국공립대와 사립대를 포함하여 124개의 4년제 대학에서 '한국어학과'를 개설·운영하고 있는 것으로 추정되는데, 양적 측면에서 보면 2015년의 119개에서 현재 124개로 5개 대학이 더 증가하였다. 지역분포 차원에서 보면, 역시 한국과의 교류가 활발한 지역, 한국기업이 대량 진출한 지역, 한류의 영향을 상대적으로 많이 받는 지역, 다시 말하면 산동성(27개), 길림성(16개), 강소성(11개), 흑룡강성(10개)에 한국어학과를 개설한 대학이 총 64개로, 전체의 약 51.6%를 차지하고 있다. 중·한 수교 이후 한국어학과가 기하급수적으로 발전하면서 학계의 일각에서는 학과발전의 불투명한 미래에 대해 우려를 하여 왔는데 현재 비록 264개 대학이라는 '상상 초월'의 규모에까지 이르렀지만 한국어학과의 재학생 규모, 정원 충원율, 제1지망 지원율, 취업률 등 통계수치에 의하면 한국어학과가 비교적 양호한 발전 태세를 유지하고 있다. 앞으로 한국어학과의 발전 방안으로 지역특성화, '포괄적인 우리 의식' 강화, 학과 운영 능력 강화, 우수 교수인력 확보, 대외 교류 강화, 산학협력 활성화, 대외 홍보전략 등이 매우 시급하다.

셋째, 현재 중국대륙에서는 30여개의 대학에서 석사코스를 개설·운영하고 있는데 이는 전의 통계자료에 비해 일정한 양적 증가세를 보이고 있지만, 한국어학과를 개설한 대학이 260여 곳에 달한 것에 비하면 양적으로 극히 제한되어 있다. 그리고 박사코스를 개설한 대학이 현재 10여개로, 한국어학과 교수들의 박사학위 수요를 만족시키기에는 역부족한 상황이다.

넷째, 2016년 10월 기준으로 중국대륙에서는 40여개 대학에서 약 50여개 한국학 관련 연구소를 설립·운영하고 있다. 연구소의 명칭으로부터 볼 때, "한국어", "한국문학", "한국언어문화", "중한문화", "중한경제문화", "중한통상", "언어정책", "한국−조선" 등 연구범위, 연구영역 등이 다양하다. 한국학 연구가 활발히 진행되고 있는 대학으로는 한국 교육부로부터 "해외한국학 중핵대학"으로 선정된 연변대학, 중앙민족대학, 남경대학, 중국해양대학, 산동대학, 요녕대학, 그리고 "해외한국학 씨앗형사업"에 선정된 북경대학, 복단대학, 상해외국어대학, 길림대학 주해캠퍼스, 대련외국어대학, 화동사범대학, 화중사범대학 등을 꼽을 수 있다. 오늘날 중국대륙에서의 한국학 연구는 단지 언어, 문학, 문화 등에 국한되지 않고, 크게는 한국의 정치, 경제, 역사, 교육, 관광 등 분야, 작게는 한국인, 한국유학생, 한국영화, 한국드라마, 한국기업 등 다양한 분야의 다양한 주제로 활발하게 진행되고 있다. 다시 말하면, 오늘날에 이르러 중국대학의 한국학 연구는 보다 많은 중국인들의 관심사로 부상하고 있으며 그 연구영역도 다양한 분야로 확산되고 있다.

다섯째, 한국어학과의 교과과정의 경우, 비현실적인 인재양성 목표 설정, 교육 목표와 교과과정 불일치, 전공 관련 수업시수 부족, 교과목 순위 배정 불합리, 언어, 문화, 문학 관련 교과목의 비율 불합리, 과다한 이론 교과목 배정 등의 문제점이 존재하고 있다. 앞으로 교과과정 편성에 있어서 아래와 같은 몇 가지 점에 주의를 돌려야 할 것이다. 거시적 측면에서 말하면, 우선 중국 교육부의 "외국어문학 국가표준"을 엄수해야 할 뿐만 아니라 교과과정의 일반성과 특수성, 전문성과 복합성, 기능성과 실천성, 지역화와 국제화, 현실성과 미래 지향성 등이 고려되어야 한다. 미시적 측면에서 말하면 중·한 공동 교과과정 운영, 언어교육과 문화교육의 합리적인 비율 유지, 교과목의 배분 합리화, 전공 수업시수 보장 등이 필요한 사항이다. 실증적 차원에서 말하면 실용성을 중심에 둔 교과목 개설, 한국 실용 문화와 접목된 교과목 개설, 학생들의 취미를 유도할 수 있는 교과목 개설, 학생들의 눈높이에 맞는 교과목 개설 등이 필요한 사항으로 대두되고 있다. 보다 더 훌륭한 교과과정을 편성하기 위해서는 연구형 대학과 실용형 대학의 차이, 국공립대학과 사립대학의 차이, 4년제 대학과 전문대학의 차이로 인한 차별화된 접근이 필요하며, 특히 교과과정에 대한 연구는 충분한 시간과 전문성이 필요하고 교과과정 실시에 대한 실험적 연구가 필요하다.

여섯째, 교수진의 경우, '211공정' 대학, '985공정' 대학 등 중점대학의 한국어 관련 교수진을 보면 박사학위 소지자가 전에 비해 훨씬 높은 비율을 유지하고 있으며 전반적으로 볼 때, 어학과 문학 관련 전공자의 비율이 절대적인 우위를 점하고 있다. 범주강삼각주지역 4년제 대학의 경우, 박사학위 소지자의 비율이 전에는 중점대학의 평균치에 비해 훨씬 차이가 있었지만 현재에 이르러 이 지역의 일부 국공립대학의 경우 교수진의 100%가 박사학위를 소지한 학과도 존재하며, 사립대학이라 할지라도 교수진의 80%-90%가 박사학위를 소지한 학과, 한국인 교수의 70%가 박사학위를 소지한 학과, 서울대학교를 졸업한 박사만 하여도 30%를 차지하는 학과 등도 존재한다. 그리고 적지 않은 대학에서 신임교수 초빙 시 박사학위 소지자를 기본으로 요구하는 등 적극적인 움직임을 보이고 있다. 앞으로의 교수진 개선 방안으로, 학위구도 개선, 세부 전공구도 개선, 직함구도 개선, '雙師型' 교수구도 개선 등 '4개선'이 필요하며, 아울러 교육능력 강화, 연구능력 강화, 시대 감각능력 강화 등 '3강화'가 필요하다.

일곱째, 전공 교재의 경우, 거시적 시각에서 보면 과학적이고 통일된 전공 한국어 교수 요강 결여, 풍부한 교육 경험과 이론지식을 겸비한 교재편찬 전문가 부족, 한국어 교재개발과 관련한 다방면의 연구 불충분, 외국어로서의 한국어문법체계 보완 필요, 교재 편찬이 초·중급에 편중, 학과목 발전에 신속하게 대응하지 못하는 등 여러 가지 문제점이 존재한다. 이 외에도 교재의 기본을 이루는 제재(題材)의 체계성 문제, 시대성 문제, 취미성 문제, 난이도 문제, 배열 조합 순서문제 등이 존재한다. 실증적 차원에서 보면, 교재 선정 시 실용성, 학습자의 흥미와 관심도, 난이도 등이 반드시 고려되어야 한다. 이러한 문제들은 충분한 시간을 갖고 전문적인 인력을 투입하여야만 과학적이고 학생들의 눈높이에 맞는 교재를 개발해 낼 수 있다.

　본고의 연구결과는 국내외 학자들로 하여금 중국대학의 한국어교육의 실정에 대하여 보다 폭 넓게, 체계적으로 접근할 수 있는 계기를 마련하게 될 것이며 소속대학의 한국어학과 혹은 한국학 관련 연구소의 현주소를 점검하는 데 참고자료를 제공하게 될 것이다. 뿐만 아니라 중국대학의 한국어교육의 미래 발전에 대한 지속적 연구를 위한 필요한 데이터를 제공함과 동시에 교육 개혁 혹은 학과경영의 질을 향상시키는 데 추진 역할을 하게 될 것이다. 그리고 중국대학의 한국학 관련 기본 연구동향을 파악하고 앞으로의 연구 방향을 탐색·조정해 나가는 데 있어서 일정한 참고가치가 있을 것이다. 특히 그동안 중국대학에 개설된 한국어학과에 대한 정보가 부족했던 한국어 연구자들에게 이 연구는 중국의 한국학 교육 연구 현황에 대한 객관적인 정보를 제시할 수 있다는 점에서 그 의의가 있을 것이다. 이밖에 국가 교육 행정 부서와 대학의 경영자가 한국어학과 혹은 한국학연구소의 설립 허가 여부에 대한 정책을 제정하고 효과적으로 조정하여 나가는 데도 일정한 도움이 될 것이다.

참고자료

1 단행본

김병운(2012), 『중국대학 한국어교육 실태 조사보고서』, 한국문화사

민현식 외(2005), 『한국어교육론 1』, 한국문화사

송현호(2018), 『한중 인문교류와 한국학연구 동향』, 태학사

이용해(2006), 『한국학연구』, 민족출판사

2 논문류

강보유(2012), 「상해·절강지역 한국어교육 실태 조사 보고」, 『중국대학 한국어교육 실태 조사보고서』, 한국문화사, pp.113-124.

강보유(2017), 「한국어교육의 다양화와 지역 특성화」, 『한국어교육 연구 특성화및 발전방향』, 중국한국(조선)어교육연구학회·길림대학 주해캠퍼스 한국학연구소, pp.17-27.

강은국(2010), 「대학교 본과 외국어 비통용 어종 학과 규범의 측면에서 본 중국에서의 한국어 교육」, 『韩国(朝鲜)语教育国际学术研讨会论文集(上)』, 중국한국(조선)어교육연구학회, pp.234-244.

교우박(2011), 「중국의 한국어 교재 '정독'에 대한 연구」, 고려대학교 박사학위논문

教育部高等学校教学指导委员会(2018), 「外国语言文学类教学质量国家标准」, 『普通高等学校本科专业类教学质量国家标准』, 高等教育出版社, pp.90-95.

김경선(2005), 「중국에서의 한국어 교육」, 『한국어 교육연구』 제3호, 중국 한국(조선)어교육연구학회, 민족출판사, pp.525-539.

김미(2014), 「광동·광서지역 한국어학과 실태와 전망」, 『2014 재외 한국어교육자 국제학술대회 한국어교육사례 리포트』, 재외동포교육진흥재단, pp.96-103.

金善子(2011), 「地方高校朝鲜语专业建设的现状与对策──以长三角地区为例」, 『盐城师范学院学报』 2011年第4期, pp.118－120.

김병운(1999),「중국에서의 한국어 교육 방법 및 지도」,『국어교육연구』 제6호, 서울대학교 교육종합연구원 국어교육연구소, pp.89－107.

김병운(2006),「중국에서의 한국어 교육의 실태와 과제」,『韓國學硏究』 제15호, 仁荷大學校韓國學硏究所, pp.45－66.

김병운(2007),「중국에서의 한국어 교육의 어제와 오늘」,『중국한국(조선)어교육연구학회 2007년연례학술발표대회논문집』, 중국한국(조선)어교육연구학회, pp.26－38.

김석기(2006),「중국에서의 한국어 교육 연구 현황」,『제16차 국제한국어교육학회 발표집』, 국제한국어교육학회, pp.337－359.

金善姬(2016),「基于多元就业观的高校朝鲜语专业课程设置分析」,『高教探索』, 2016年S1期, pp.106－107.

김연란(2013),「중국 내 한국어 교육 환경의 변화와 중국 대학의 한국어학과 교육과정」, 상명대학교 석사학위논문

김영수(2007),「중국의 한국어학과 교육과정 내실화를 위한 기초 연구」, 『한중인문학연구』, 제20집, 한중인문학회, pp.417－435.

김영수(2010),「중국에서의 대학교 한국어 교육과정 현황과 개선연구」,『韩国(朝鲜)语教育国际学术研讨会论文集(下)』, 중국한국(조선)어교육연구학회, pp.1－8.

김영옥(2003),「중국에서의 한국어(조선어)교육에 대한 고찰」,『청람어문교육』 제26호, 청람어문교육학회, pp.253－272.

김영옥(2012),「북경지역 한국어교육 실태 조사 보고」,『중국대학 한국어교육 실태 조사보고서』, 한국문화사, pp.39－53.

김용범·구려나·량빈·장람·김현정 (2017),「중국 대학에서의 한국어문학과 개설현황 및 발전 방안 연구」,『한국학연구』 제63집, 고려대학교 한국학연구소, pp.35－66.

김장선·한청(2012),「화북지역 한국어학과 실태 조사 보고」,『중국대학 한국어교육 실태 조사보고서』, 한국문화사관, pp.81－89.

김정우(2012),「중국의 한국어 고급 교재 분석」,『한중인문학연구』 제35집, 한중인문학회, pp.151－181.

김철(2008),「중국에서의 한국어 교육의 어제 오늘 및 그 미래」,『한중인문학연구』제24호, 한중인문학회, pp.275-308.

김철·민영란(2017),「중국어권 학습자를 위한 한국어 교재 편찬현황과 향후 개발 방향-2000년부터 현재까지의 한국어교재를 중심으로」,『중국한국(조선)어교육연구학회 2017년도학술대회 논문집』, 중국한국(조선)어교육연구학회, pp.235~243.

김춘선(2011),「중앙민족대학에서의 한국학 연구 현황」,『제27회 한중인문학회 국제학술대회발표논문집』, 한중인문학회, pp.56-61.

김희섭·최윤정(2009),「중국인 대상 한국어 교육 연구 동향 분석」,『동북아문화연구』 제19호, 동북아시아문화학회, pp.169-186.

노금송(1999),「중국에서의 한국어 교육 현황과 문제의 해결 방안」,『국어국문학』제18집, 동아대학교 국어국문학과, pp.243-252.

노금송(2009),「중국 북경지역 한국어 교육 현황과 과제」,『국어교육연구』제23호, 서울대학교 국어교육연구소, pp.33-59.

盧錦淑(2009), 「朝鮮語專業課程建設的若干思考」,『當代教育論壇(下半月刊)』, pp.60-62.

류약(2016),「중국 한국어 전공 교육과정 개선 방안 연구 – 북경 소재 대학을 중심으로」, 경희대학교 석사학위논문

묘춘매(2002),「중국에서의 한국어 교육 평가」,『국어교육연구』제10호, 서울대학교 국어교육연구소, pp.449-463.

문영자(2012),「강소지역 한국어교육 실태 조사 보고」,『중국대학 한국어교육 실태 조사보고서』, 한국문화사, pp.102-112.

민현식(2012),「한국어 문화교육의 제반 문제」,『한중인문학연구』제35집, 한중인문학회, pp.1-27.

박문자(2005),「중국 대학의 한국학 연구와 그 역할에 대한 고찰」,『한국언어문화학』 제2권 제1호, 국제한국언어문화학회, pp.101-110.

박영환(2007),「중국에서 한국어교육의 효율적 방안」,『한국언어문학』 제60집, 한국언어문학회, pp.27-51.

박철홍(2009),「문화상대주의와 문화 교육」,『언어와 문화 그리고 인간』길림대학 주해캠퍼스 한국학연구소 pp.147-160.

백춘애(2014), 「중국 대학원에서의 한국어교육- 청도대학교 한국어학과 대학원과정을 중심으로」, 『2014 재외 한국어교육자 국제학술대회 한국어교육사례 리포트』, 재외동포교육진흥재단, pp.302-310.

서영빈(2009), 「한국문화교육, 그 이론과 실제의 거리」, 『언어와 문화 그리고 인간』 길림대학 주해캠퍼스 한국학연구소 pp.1-11.

송교(2012), 「서남지역 한국어교육 실태 조사 보고」, 『중국대학 한국어교육 실태 조사보고서』, 한국문화사, pp.132-135.

송현호(2004), 「중국에서의 한국학 연구 동향」, 『한국문화』 33, 서울대학교 한국문화연구소, pp.309-330.

송현호(2012), 「중국 지역의 한국학 현황」, 『한중인문학연구』 35호, 한중인문학회, pp.463-504.

송현호(2013), 「중앙민족대학의 한국학 현황과 과제」, 『한중인문학연구』 제40호, 한중인문학회, pp.329-354.

沈定昌(2001), 「중국에서의 한국학연구 실황 및 전망」, 『21세기 중국의 정치와 경제현황 및 전망』, 아주대학교 국제대학원, pp.12-13.

신창순(2012), 「흑룡강지역 한국어교육 실태 조사 보고」, 『중국대학 한국어교육 실태 조사보고서』, 한국문화사, pp.54-64.

왕단(2002), 「중국 대학교 韓國語科 교육과정 설계에 관한 연구」, 『외국어로서의 한국어교육』 제27집, 연세대학교 언어연구교육원 한국어학당, pp.219-242

엄녀(2007), 「평가 기준을 통한 중국 대학교의 한국어 교재 분석」, 『한국어교육』 18권 1호, 국제한국어교육학회, pp.235-262.

오문천(2012), 「통합 한국어 교재에 나타는 문화 학습 활동 분석」, 『Jorunal of Korean Culture』 제21집, 한국어문학국제학술포럼, pp.125-168.

우림걸(1996), 「중국에서의 한국어교육 현황과 문제점」, 『새국어교육』 제53호, 한국어교육학회, pp.143-152.

우림걸(2011), 「중국 산동대학에서의 한국어교육과 한국학 연구」, 아주대학교 이주문화연구센터 콜로키움, pp.1-26.

우한용(2011), 「한중 문화교류의 현황과 전망」, 『제27회 한중인문학회 국제학술대회 논문집』, 한중인문학회, pp.1-8.

유단청(2017), 「중국 대학의 한국어과 교육과정 및 인식 연구」, 대진대학교

박사 학위논문

刘淋(2017), 「朝鲜语专业应用型人才培养模式存在的问题及对策——以民办高校为例」, 『韩国语教学与研究』, pp.72-75.

유쌍옥(2016), 「중국의 한국어 교재 사용 현황과 개발 방향 연구」, 『한중인문학연구』 제51집, 한중인문학회, pp.189-213.

윤해연(2011), 「남경대학에서의 한국학 연구 현황」, 『제27회 한중인문학회 국제학술대회발표논문집』, 한중인문학회, p.62(별지첨부)

윤여탁(2015), 「한중 문화교류의 성과와 지평의 확대」, 『한중인문학연구』 제48집, 한중인문학회, pp.1-20.

윤윤진(2012), 「길림지역 한국어학과 실태 조사 보고」, 『중국대학 한국어교육 실태 조사보고서』, 한국문화사, pp.65-72.

이나(2012), 「중국 대학 한국어학과 교과과정 분석 및 개선방안 연구」, 배재대학교 석사학위논문

이득춘(1997), 「중국에서의 한국어 교육의 급속한 부상과 한국어의 위치」, 『교육한글』(한글教法研究제10호, pp.161-180.

이인순·김율리(2011), 「한국어학과 현행 교과과정에 대한 연구 및 개정 방안」, 『课程·教材·教法研究』, 길림대학 한국학연구소, pp.11-40.

이해영(2011), 「한국의 해외 한국학 지원 정책과 중국의 한국학」, 『제27회 한중인문학회 국제학술대회발표논문집』, 한중인문학회, pp.40-44.

이해영(2014), 「중국내 한중비교문학 연구의 현황과 과제」, 『한중인문학연구』 제44집, 한중인문학회, pp.47-68.

임향란(2010), 「서남지역에서의 한국어학과 실태조사 보고」, 『韩国(朝鲜)语教育国际学术研讨会论文集(上)』, 중국한국(조선)어교육연구학회, pp.95-101.

장동명(2012), 「요녕지역 한국어교육 실태 조사 보고」, 『중국대학 한국어교육 실태 조사보고서』, 한국문화사, pp.73-80.

张晓宇(2013), 「提高朝鲜语课程教学方法的有效策略」, 『长沙铁道学院学报』第1期, 2013年, pp.184-185.

전영(2011), 「연변대학에서의 한국학 연구 현황」, 『제27회 한중인문학회 국제학술대회발표논문집』, 한중인문학회, pp.45-55.

전영근(2010),「중국 사립대학교 한국어교육의 현황과 문제」,『韓国(朝鮮)语教育国际学术研讨会论文集(下)』, 중국한국(조선)어교육연구학회, pp.81-92.

전영근·지성녀(2012),「화남지역 한국어교육 실태 조사 보고」,『중국대학 한국어교육 실태 조사보고서』, 한국문화사, pp.125-131.

전춘련(2006),「中國 一流大學 育成政策에 따른 敎授要員 人的資源 開發 研究 : 211, 985工程을 中心으로」, 건국대학교 대학원 박사학위논문

조항록(2005),「국내 한국어 교육의 발달과 특징」,『우리말학회 전국학술대회발표논문집』, 부산대학교, pp.1-20.

주뢰·문복희(2012),「중국에서의 한국어교육의 문화교육 실태 및 대안 연구」,『아이아문화연구』 제28집, 아시아문화연구소, pp.185-215.

주송희(2014),「중국 연변대학교의 한국어 교육과정」,『2014 재외 한국어교육자 국제학술대회 한국어교육사례 리포트』, 재외동포교육진흥재단, pp.133-141.

지수용·최계화·이호(2012),「산동지역 한국어학과 실태 조사 보고」,『중국대학 한국어교육 실태 조사보고서』, 한국문화사, pp.90-101.

진정란(2011),「중국 대학기관용 한국어 교재 개발 방향에 대한 고찰」,『중국학연구』 제58집, pp.269-292.

채호석(2011),「외국인을 위한 한국 문화 교육의 쟁점」,『글로벌 시대 한국 언어문화교육의 쟁점과 전망』, 한국언어문화교육학회, pp.29-33.

崔秀玉(2014),「提高朝鲜语课程教学效果的有效策略」,『科教导刊(中旬刊)』, pp.144-145.

최희수(2005),「중국의 한국어 교육에서 제기되는 과제」,『외국어로서의 한국어 교육』 제30호, 연세대학교 언어교육원어학당, pp.211-226.

허련화(2010),「중국에서의 한국어 교육의 발전방향에 대한 모색」,『韓国(朝鮮)语教育国际学术研讨会论文集(上)』,중국한국(조선)어교육연구학회, pp.129-146.

허세립·윤진(2011),「범주강삼각주지역의 한국어학과 발전방안 연구」,『제2회 범주강삼각주지역 한국어교육 학술대회 논문집』, 사천외국어대학교 한국어학과 조선-한국학연구센터, pp.85-91.

허세립·이인순(2013a),「중국대학의 한국어교육 현황과 전망」,『한중인문학연구』제38집, 한중인문학회, pp.145-162.

허세립·이인순(2013b),「중국대학에서의 한국어교육—4년제 대학의 한국어교육을 중심으로」,『새국어교육』제97호, 한국국어교육학회, pp.361-386.

허세립·이인순(2014),「범주강삼각주지역의 한국어교육 현황과 과제」,『한중인문학연구』제44집, 한중인문학회, pp.131-154.

허세립·이인순(2018),「중국 대학 한국어교육의 흐름, 현황 및 발전방안에 대하여」,『한국학연구』제65집, 고려대학교 한국학연구소, pp.281-309.

홍예화(2014),「중국 소주대학교의 한국어 교육사례 발표 리포트」,『2014 재외 한국어교육자 국제학술대회 한국어교육사례 리포트』, 재외동포교육진흥재단, pp.327-329.